이선비, 과학을 배우다

이선비, 과학을 배우다

세계로 글 | 최현묵 그림

차례

임금님의 행차 • 7
옛날 도서관은 어땠을까?_**규장각** • 20

류 대감 댁에는 이상한 서재가 • 25
옛날에는 어떻게 하늘을 관찰했을까?_**천문학의 발달** • 34

생각해 보고 만들어 보고 • 37
옛날에는 어떻게 지도를 만들었을까?_**지도** • 46

별당 모임 • 49
옛날에는 어떻게 적을 막았을까?_**방어 시설과 무기** • 62

부역장은 북적북적 • 69
옛날에는 어떻게 글을 쓰고 책을 만들었을까?_**한글과 활자** • 82

세상에 귀신이 어딨어? • 87
옛날 의학서는 어땠을까?_**동의보감** • 100

새로운 도시가 완성되다 • 103
옛날에는 어떻게 성을 지었을까?_**수원 화성** • 112

세계로 선생님들이 들려주는 수원 화성 이야기 • 118

나오는 사람들

이세로(이선비)

좌충우돌 호기심 많은 조선 시대의 선비, 이세로.
갑자기 새 임무를 맡아 수원으로 향하던
이선비는 우연한 인연으로
혁이와 동행하게 되는데…….
과연 세로는 이번에도 주어진 임무를
무사히 끝마칠 수 있을까?

혁이

세상 모든 것이 신기한
호기심 많은 열 살 꼬마.
우연히 이선비를 만나고 세상을 향해
큰 꿈을 펼치고 싶어 하는데…….
혁이는 어떤 미래를 꿈꾸게 될까?

정 학사

신비에 싸인 규장각 학사.
어명을 받아 화성의 설계도를 맡은
정 학사는 사람들에게 귀신이라는
오해를 받게 되는데…….
과연 정 학사는 그 오해를 풀고
무사히 수원 화성을 완성할 수 있을까?

임금님의 행차

"새로운 방도를 찾아야지!"

규장각 밖으로 임금님의 꾸짖는 소리가 새어 나오고 있었어요.

"구닥다리 방식으로 뭐가 되겠는가!"

밖에 서 있던 세로는 깜짝 놀랐어요. 내관도 몸을 움츠렸어요.

'누구에게 저렇게 호령을 하시는 걸까? 무슨 일로 역정이 나셨을까?'

세로는 걱정스러운 한편 궁금증이 일었어요.

규장각에는 역대 임금님들의 저서뿐 아니라 외국에서 들어온 신기한 책들이 많이 보관되어 있었어요. 이곳에서 참신하고 능력 있는 인재들이 새로운 학문을 탐구했지요. 임금님은 젊고 실력 있는 인물들을 선별하여 이곳 규장각에서 연구에만 전념할 수 있도록 해 주었을 뿐 아니라, 학자들과 함께 나라의 앞날을 의논하기도 했습니다.

안에서 무슨 말을 하는지 궁금했던 세로는 귀를 쫑긋 세웠어요.

'대체 무슨 일일까? 귀가 당나귀처럼 늘어나면 좋을 텐데.'

그러자 내관이 세로에게 얼굴을 바짝 들이댔어요.

"나리, 이만 물러나시지요."

"조금만 더 있으면 아니 되겠는가?"

"나리, 체통을……."

'아, 체통! 체통을 지켜야지!'

아쉽게도 세로는 물러나야 했어요.

세로는 임금님이 구해 오라 명하신 책을 드리기 위해서 입궐했던 터였어요. 하지만 어쩌겠어요. 가라면 가야지요. 세로는 내관에게 책을 건네고 물러가기로 했습니다.

　　"서책을 전해 주시게. 임금님께서 특별히 부탁하신 책이라네."

　　아쉬움을 안고 돌아서던 세로는 공조 판서 대감과 부딪힐 뻔했어요.

　　"대감! 여기는 어쩐 일이십니까? 그나저나 뭔가 잘못된 모양입니다. 안에서 임금님의 호통 소리가……."

　　세로가 소리 죽여 말했어요.

　　"흠흠, 나도 들어가야 한다네."

　　"예?"

　　공판 대감은 무겁게 발걸음을 옮겼어요.

　　'이런, 공판 대감도 꾸중을 들으시려나? 도대체 무슨 일이란 말인가…….'

그때 공판 대감이 홱 몸을 돌리더니, 다시 세로 앞으로 왔어요.

"자네, 수원에 좀 다녀오게."

"예?"

"수원의 류 대감 댁을 찾아가게. 자세한 내용은 그쪽으로 서신을 보내겠네."

"갑자기 무슨 말씀인지……."

영문을 몰라 세로는 말끝을 흐렸어요.

"몹시 중요한 일이네. 수원 가는 임금님의 행차가 내일 아침 출발하니, 따라가도록 하게! 자네만 믿네."

공판 대감은 말을 마치고 서둘러 규장각으로 들어갔어요.

대감의 뒷모습을 보면서 세로는 주먹을 불끈 쥐었어요.

'맞아. 첫 입궐했을 때를 기억하자. 목숨 바쳐 일하겠다던 그 각오를 잊어서는 안 되지!'

그렇게 해서 세로는 수원 가는 행차를 따라가게 되었어요.

임금님의 행렬은 정말이지 길고 또 길었어요.

커다란 용이 그려진 깃발이 행렬의 맨 앞에서 나부꼈어요. 악공들이 행차를 알리는 음악을 연주하고, 여러 대신과 내관들 그리고 수행원들이 줄을 이었어요. 행렬 전체를 감싸듯이 보호하는 것은 근위병들의 몫이었어요. 임금님을 모신 가마가 가운데에 있고 대신, 내관, 시종 들이 뒤를 이었지요. 근위병들은 임금님을 중심으로 행렬을 보호했어요. 구경 나온 백성들이 행렬을 둘러싸고 서 있었었습니다.

세로와 돌쇠도 신이 나서 행렬을 따라 걷고 있었지요. 임금님의 행차가 노량에 다다랐을 때였어요.

"저기 사람이 뛰어들었어유!"

돌쇠가 깜짝 놀라 소리쳤어요.

"뭐?"

행렬이 멈추고, 울리던 음악도 그쳤어요.

"저런, 목숨이 아깝지 않은 모양이어유. 임금님 행렬에 뛰어들다니유!"

임금님의 행차를 가로막다니요. 임금님의 길을 막는 것은 대역죄에 해당하는 일이었어요. 하지만 백성들은 가끔 이렇게 해서라도 자신의 안타까운 사정을 알리려고 했어요.

금세 군졸들이 달려왔어요. 길을 막은 여인을 끌어내려 했지요. 하지만 여인은 군졸을 뿌리치며 간절히 외쳤어요.

"임금님, 제발 막지 마시고 제 이야기를 좀 들어주십시오! 꼭 드리고 싶은 말씀이 있습니다!"

임금님이 조용히 손을 들어 여인을 붙잡은 군졸들을 물러나게 했어요.

"저 강이 내 길을 막으니, 여기서 잠시 쉬었다 가자. 그리고 여인을 가까이 데려오라."

그 모습을 지켜보고 서 있던 사람들이 모두 감탄했어요.

"역시 자애로운 임금님이셔. 가엾고 불쌍한 백성의 사정을 들어 주시다니……."

세로는 백성의 억울한 사정을 살피는 임금님이 더없이 존경스러웠습니다.

먼발치에서 그 모습을 바라보던 돌쇠가 뜬금없이 말했어요.

"그런데 저 아주머니는 임금님께 무슨 말을 했을까유?"

"글쎄다."

무슨 간절한 사연이기에 큰 벌을 각오하고 임금님의 행차를 가로막았을까요. 세로도 그 사연이 궁금했습니다.

그때 궐에서 만났던 내관이 조심스레 세로 옆으로 다가왔어요. 그러고는 세로의 귓가에 대고 말했어요.

"나리, 드릴 말씀이 있습니다."

"무슨 일인데 귀에다 대고……?"

"임금님께서……."

어스름이 질 무렵, 세로와 돌쇠는 허름한 초가 앞에 있었어요. 행차를 막았던 여인의 집이었어요. 여인과 그의 아들을 도와주라는 임금님의 명이 계셨기 때문이었어요.

"누추하지만 들어가시지요."

방은 깔끔하고 정갈했어요. 여인의 꼿꼿한 성품이 묻어나는 듯했습니다. 여인은 이야기를 시작했어요.

"한 사람의 백성으로 다리를 짓거나 성을 쌓는 등의 나라 일에 힘을 보태는 것은 당연한 일입니다. 그런데 제 남편이 그 부역에 나갔다가 저세상 사람이 되고 말았습니다. 농사지을 땅도 없이 여인 홀로 자식을 키우는 건 참으로 힘겹습니다. 도와주십시오, 나리! 당장 먹을 것을 달라는 것이 아닙니다. 제가 할 수 없는 것을 해 주십시오."

"그게 무엇이냐?"

"제 아들에게 꿈을 보여 주십시오."

"꿈?"

"내일의 꿈이 있다면 무엇이 두렵겠습니까. 제 아들을 데리고 가셔서 세상을 보여 주세요. 그래서 앞으로 무엇을 해야 할지, 어떤 생각을 갖고 살아야 하는지 알게 해 주십시오."

한 마디 한 마디에 여인의 간절함이 묻어났습니다.

"당장 필요한 쌀을 마다하고 아들의 앞날을 부탁하다니, 현명한 어미구나."

세로는 임금님이 왜 이 여인을 도우라 하셨는지 알 것 같았어요.

그때, 싸리문을 여는 소리가 들렸어요.

"어머니!"

또랑또랑해 보이는 아이가 방문을 열고 들어왔어요.

"그래, 네 이름이 무엇이냐?"

"혁이라 하옵니다."

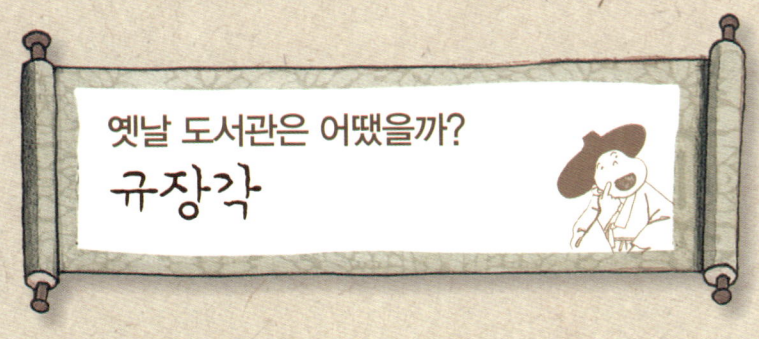

옛날 도서관은 어땠을까?
규장각

정조는 즉위하던 해인 1776년에 규장각을 만들었습니다. '규장(奎章)'이란 왕이 쓴 글씨(어필)와 왕이 지은 글(어제)을 가리키는 말로, 원래 규장각은 왕실의 중요한 문서 등을 보관하는 왕실 도서관이었습니다. 규장각은 왕실 도서관에서 출발했지만, 정조는 이곳을 학술 및 정책 연구 기관으로 변화시켰어요. 규장각은 학문 연구의 중심 기관이자 정조의 개혁 정책을 뒷받침하는 핵심 정치 기관으로 거듭났습니다.

규장각

규장각에서 학자들은 어떤 일을 했을까요?

규장각에서는 책을 보관 및 편찬하여 문물을 재정비하는 일을 담당하였습니다. 국내 서적 1만여 점, 중국 서적 2만여 점이나 되는 엄청난 규모의 서적을 보관하고 연구했습니다. 특히 조선 후기 정조 때에는 규장각을 중심으로 훌륭한 서적들이 체계적으로 간행되었습니다. 이러한 서적 관리는 '법고창신(法古創新 : 옛 법을 본받아 새것을 만든다)'의 정신을 이어받는 규장각의 핵심 사상이었습니다.

한편, 정조는 당파(정치적 입장에 따라 나뉜 파벌)나 신분에 상관없이 젊고 능력 있는 인재들을 규장각에 모아 개혁 정치의 동반자로 삼았습니다. 정약용을 비롯한 뛰어난 학자들이 많이 양성되었는데, 특히 박제가·유득공·이덕무·서이수와 같은 서얼들을 적극적으로 등용한 것이 주목할 만합니다. 규장각에서 길러진 최고의 인재들은 수많은 도서를 간행하고 조선에 필요한 정책들을 연구하였습니다.

정조는 아래와 같은 내용의 현판을 내리고, 아무리 관직이 높은 신하라도 함부로 규장각에 들어올 수 없게 함으로써 규장각 신하들이 외부의 정치적 간섭을 받지 않고 학문에만 전념할 수 있도록 했습니다.

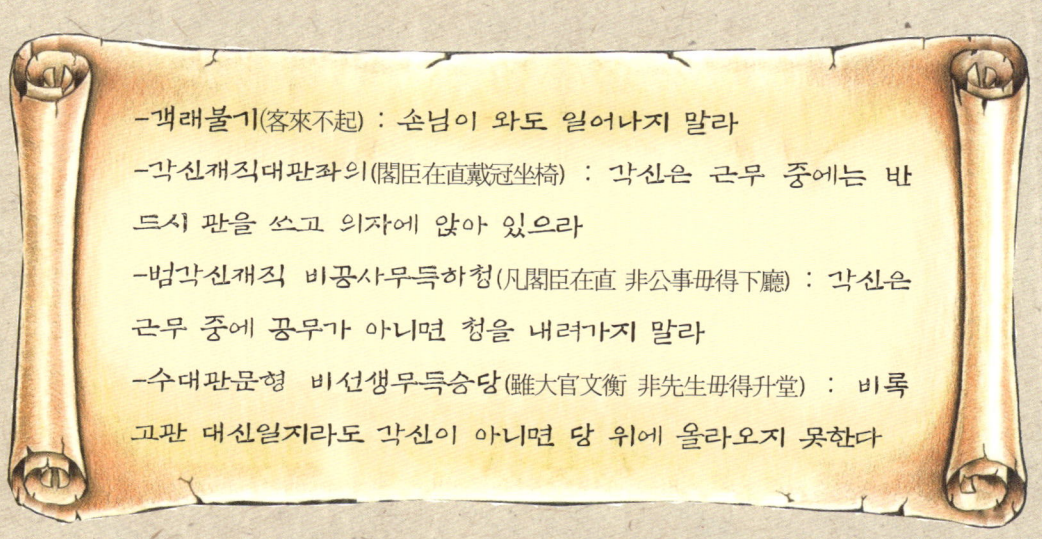

- 객래불기(客來不起) : 손님이 와도 일어나지 말라
- 각신재직대관좌의(閣臣在直戴冠坐椅) : 각신은 근무 중에는 반드시 관을 쓰고 의자에 앉아 있으라
- 범각신재직 비공사무득하청(凡閣臣在直 非公事毋得下廳) : 각신은 근무 중에 공무가 아니면 청을 내려가지 말라
- 수대관문형 비선생무득승당(雖大官文衡 非先生毋得升堂) : 비록 고관 대신일지라도 각신이 아니면 당 위에 올라오지 못한다

규장각의 젊고 능력 있는 인재들

박제가

실학자 박지원의 제자로 중상학파(북학파, 조선 후기 청나라 문명의 우수성을 인식하고 그것을 배우자고 주장한 실학자들을 가리킴)의 대표적 인물이에요. 1778년(정조 2년)에 청나라 사신으로 임명된 채제공을 따라 청을 방문해 발달된 문물을 접하고 돌아와 《북학의》를 썼습니다. 그는 서얼이었지만 그의 능력을 높이 산 정조에 의해 규장각 검서관(연구 위원)에 임명되었으며, 1801년(순조 1년)까지 모두 세 차례 청을 더 방문해 중상학파의 발달에 중요한 영향을 끼쳤습니다.

유득공

서얼 출신의 유득공은 정조가 규장각을 설치한 뒤 검서관으로 기용되어 그 능력을 펼 수 있었어요. 20세 무렵 박지원·이덕무·박제가 등과 교류하며 북학을 공부하기 시작했어요. 북학이란 조선 후기 때 청나라의 앞선 문물제도와 생활 양식을 받아들이자는 학풍을 말해요. 우리 역사에도 관심을 가져 발해에 관한 역사서인 《발해고》를 저술했습니다. 그는 이 글에서 발해를 강조하며 '남북국 시대'라는 말을 처음으로 사용했어요.

이덕무

조선 후기의 실학자. 박학다식하고 문장이 뛰어났으나 서자라는 신분적 한계 때문에 출세에 제약이 많았던 이덕무는 박제가, 유득공, 서이수 등과 함께 규장각 검서관으로 발탁되어 뜻을 펼쳤어요. 자료와 증거를 바탕으로 사실을 밝히고자 하는 태도를 가진 학자로 훗날 정약용, 김정희 등에 학문적 영향을 주었습니다.

규장각 설립의 의의

정조 시대의 규장각은 단순한 학문 연구소나 도서관의 기능을 넘어서서 정조가 펼치고자 한 개혁 정치의 중심 역할을 했습니다. 정조는 당시 나라를 좀먹고 있던 당파 싸움을 완화시키고 왕권을 강화하기 위하여 탕평책을 실시했습니다. 따라서 규장각에서 인재를 뽑을 때도 당파를 묻지 않고 신분에 구애되지 않는 실력 있는 자를 뽑았습니다. 결과적으로 규장각에서 양성된 인재는 정조를 도와 정조의 정치 사상을 펼치는 중심 세력이 되었습니다.

정조 이후 규장각은 점차 기능이 축소되어 도서관으로서의 역할만을 담당했습니다. 규장각의 도서는 서울 대학교 안의 '규장각'이라는 건물로 이관되었습니다. 규장각에 보관된 많은 자료는 한국학 연구에 중요한 가치를 가지고 있습니다.

김홍도 《규장각도》

왕실 도서관인 규장각의 역할이 이리 대단했을 줄이야!

류 대감 댁에는 이상한 서재가

세로는 혁이를 데리고 류 대감 댁을 찾아갔어요.

"이리 오너……?"

담 너머로 뚝딱거리는 소리가 들려왔어요.

'무슨 일이람? 집이라도 짓나?'

"나리, 안에서 무슨 일을 하는 걸까요?"

혁이가 문틈 새로 바짝 얼굴을 갖다댔어요. 궁금한 세로도 슬그머니 얼굴을 가까이 가져갔습니다.

그때 문이 활짝 열렸고, 혁이와 세로는 앞으로 확 고꾸라지고 말았어요.

"아이쿠!"

세로는 얼른 일어나 옷을 털었어요. 남의 집에 굴러서 들어가다니 양반 체면이 말이 아니었어요.

"흠흠, 이리 오너……라."

세로는 갓을 매만지며 사방을 둘러보았어요.

류 대감 댁 마당에는 일꾼들이 많았어요. 크고 작은 바퀴가 마당 한쪽에 세워져 있고 그 앞에는 긴 목재들이 놓여 있었어요. 몇몇은 나무 바퀴에 홈을 파고 있었고, 몇몇 일꾼은 기둥을 세우고 있었습니다.

'뭔가 심상치 않은 것을 만들고 있군.'

세로가 주변을 둘러보는 사이, 혁이는 벌써 일꾼들 사이를 기웃거리고 있었어요.

마당 가운데에는 키가 사람보다 크고, 가운데 도르래가 매달린 기기가 서 있었어요. 작은 도르래가 여럿 달려서 그런지 언뜻 보기에 눈이 여덟 개 달린 괴물 같았어요. 목수가 줄을 잡아당기자 줄 끝에 매달려 있던 들보 하나가 번쩍 달려 올라갔습니다.

"신기해! 나도 해 봐야지."

"혁……혁아!"

누가 말릴 틈도 없이 혁이가 도르래 줄을 잡아당겼어요. 하지만 잘 되지 않았어요. 다시 있는 힘껏 잡아당겼지만 마찬가지였어요.

"뭐하는 게야, 겁도 없이!"

목수는 소리치며 혁이를 떼어 놓았어요.

"왜 제가 하면 안 올라갈까요?"

혁이는 이맛살을 찌푸리고 골똘히 도르래를 쳐다보았어요.

"겁 없이 덤비는 게 꼭 누구 어렸을 때 같네유."

돌쇠가 세로를 빤히 쳐다보며 말했어요.

그때 세로 뒤쪽에서 중얼거리는 소리가 들렸어요.

"저 나이의 꼬마가 당겨도 작동해야 하는데……."

돌아보니 중후한 멋을 풍기는 양반이 서 있었어요. 한눈에도 덕망과 품위가 느껴졌습니다.

"안녕하십니까. 저는 이세로라고 합니다. 한양에서 류 대감을 뵈

러 왔습니다."

"아, 그렇습니까? 내가 바로 류 대감이오. 오시길 기다리고 있었습니다."

"그리고 이 아이는……. 혁아?"

세로가 혁이를 인사시키려는데, 혁이는 쪼그리고 앉아 그림 그리기에 열중하고 있었어요.

"자, 잠깐만요."

혁이는 땅바닥에 방금 본 것을 그려 냈어요. 정말 똑같았지요. 그러고는 그것을 열심히 쳐다보고 고민하는 것이었어요.

"와, 이건 대체 어디에 쓰는 거예요?"

"허허허! 똘똘한 아이군요. 기억력이 정말 뛰어납니다."

류 대감이 혁이의 그림 솜씨를 칭찬했어요.

놀라기는 세로도 마찬가지였습니다.

'돌쇠 말마따나 어렸을 적 내 모습을 보는 듯하군.'

세로와 혁이는 류 대감을 따라 별당으로 들어갔어요.

서재에는 신기한 책과 물건 들이 많았어요. 세로와 혁이는 난생처음 보는 물건에 눈이 휘둥그레졌습니다.

"이것저것 모으는 게 취미라 서재가 좀 뒤죽박죽이라오."

"그런데 이 냄새는?"

"거름 아시지요? 땅을 비옥하게 할 방법을 찾다가 한번 만들어 보았는데, 아직도 냄새가 납니까?"

"아닙니다. 괜찮습니다."

하지만 혁이는 코를 싸쥐고 인상을 잔뜩 찌푸렸어요. 세로가 혁이의 손을 내리고 예의 바르게 말했어요.

"농사는 나라의 근간이니, 힘쓰는 것이 옳지요."

"허허, 참 바른 생각을 가진 분이구려. 자, 여기는 희귀한 서책도 많고 청나라에서 들어온 물건도 다양하게 있으니 심심할 때 구경하시고, 오늘은 편히 쉬십시오."

말을 마친 류 대감이 자리에서 일어섰어요.

"대감. 여기서 제가 할 일은 무엇입니까?"

"허허허, 급하시긴. 곧 알게 되실 겁니다."

류 대감이 나가고, 혁이는 이것저것 만지며 방 안을 구경했어요.

"와, 이게 다 뭐예요?"

류 대감 말대로 처음 보는 물건들이 가득했어요.

"아무거나 만지면 안 된다."

만져 보고 싶은 마음이 굴뚝같았지만 세로는 꾹 참았어요.

'어른 체면에 아이처럼 신기해할 수도 없고……. 쩝, 아쉽다!'

세로는 꿀꺽 침만 삼키고 책 한 권을 집어 들었어요.

"책이나 읽어야겠다."

하지만 금세 꾸벅꾸벅 졸기 시작했지요. 구경에 지친 혁이도 세로 옆에서 곤히 잠들었습니다.

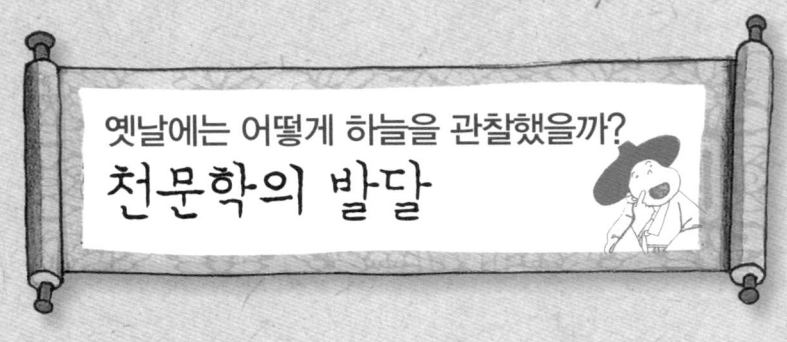

하늘의 뜻을 살피다

옛날 사람들에게 대자연은 숭배의 대상이었습니다. 강화도의 참성단은 고대로부터 제천 의식(하늘을 숭배하고 제사 지내는 종교 의식)을 거행하던 곳으로 조선 시대에는 이곳에서 일식, 월식, 혜성 등을 관측했습니다.

또한 별을 관찰하면서 길흉(운이 좋고 나쁨)을 점치는 활동이 이루어져 왔으며, 자연 현상을 왕의 정치와 관련시키기도 하였습니다. 왕이 선정을 베풀면 하늘은 복되고 길한 일이 일어날 조짐을 보여 주고, 왕에게 덕이 부족하면 지진이나 일식, 홍수 등의 재앙을 내려서 왕을 벌한다고 생각했어요.

하늘을 관찰하여 시간을 알려 주다

자연 현상은 일정한 규칙을 갖고 반복됩니다. 해와 달이 뜨고 지는 것, 계절의 변화 등은 반복 속에서 예측이 가능하며 이것을 시간으로 표현할 수 있었습니다. 농경 사회에서 이러한 천체 현상을 관찰하여 농경 생활에 필요한 절기를 정하는 '관상수시'는 왕의 중요한 의무이자 권리였습니다. 농사에 큰 영향을 주는 자연의 변화에 대비하고, 자연의 규칙성을 찾아 예측해야 했기 때문입니다.

천문 관측에 필요한 여러 기구

앙부일구
조선 시대에 사용하던 해시계. 바늘을 북극을 향하게 세우고 그림자의 길이와 위치에 따라 각각 시간과 절기를 알 수 있도록 했습니다.

혼천의
천체의 운행과 그 위치를 측정하여 천문 시계 역할을 했던 기구입니다. 통일 신라나 고려 시대에도 만들어졌을 것으로 추측되나 기록에는 조선 시대인 1433년(세종 15년) 이천, 장영실 등이 제작한 것으로 나와 있습니다.

자격루
세종 16년(1434년)에 장영실, 김빈 등이 왕명을 받아 만든 물시계로, 물이 흐르는 것을 이용하여 스스로 소리를 내게 해서 시간을 알리도록 만들었습니다.

창경궁 관천대
숙종 14년(1688년)에 세워진 천문 관측 기구로, 소간의대라고도 불렸어요. 돌대 위쪽에 간의를 설치하고 천체의 위치를 관측하였습니다.

생각해 보고 만들어 보고

세로는 도포 자락을 휘날리며 강가에 서 있었어요. 손에는 편지 한 장을 쥐고 있었지요. 한양에서 온 공판 대감의 편지였습니다.

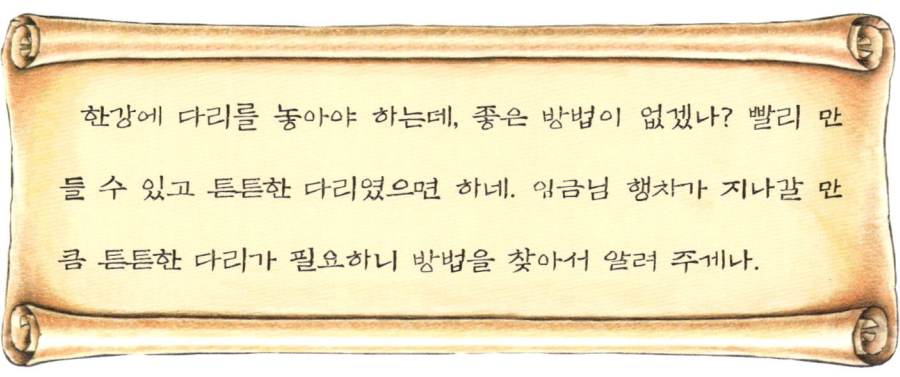

한강에 다리를 놓아야 하는데, 좋은 방법이 없겠나? 빨리 만들 수 있고 튼튼한 다리였으면 하네. 임금님 행차가 지나갈 만큼 튼튼한 다리가 필요하니 방법을 찾아서 알려 주게나.

강바람이 세차게 세로의 뺨을 때렸어요.

'꼭 좋은 방안을 생각해 내자!'

세로는 주먹을 불끈 쥐었어요. 부푼 가슴은 의기로 가득 차서 무슨 일이든 해낼 수 있을 것 같았습니다.

하지만 유유히 흐르는 강을 바라보는 순간, 가슴이 푹 꺼지고 말았어요. 차올랐던 의기는 깊은 한숨으로 변해 아무 생각도 나지 않았습니다.

"어휴, 어쩌면 좋지?"

한숨을 쉬던 세로는 쪼그리고 앉아 있는 혁이를 쳐다보았어요.

혁이는 손바닥만 한 뗏목을 만들며 놀고 있었어요. 만든 뗏목들을 물가에 나란히 놓았더니, 물살에 사이좋게 일렁였습니다.

"와, 재밌다! 줄줄이 엮은 곶감 같네."

혁이는 여러 개의 뗏목을 길게 늘어놓았어요.

"히히, 이렇게 보니 다리 같기도 한데?"

혁이는 괴로워하는 세로는 아랑곳하지 않고 놀이에 빠져 있었어요.

그 순간 세로가 무릎을 탁 쳤어요.

"배다리! 큰 공사 없이 필요할 때마다 만들 수 있고, 임금님의 행차가 일제히 지날 수 있지. 바로 이거야!"

세로는 기쁜 마음에 체통도 잊고 팔짝팔짝 뛰었어요.

"무슨 좋은 일이 생겼습니까, 선비님?"

"고민하던 일이 아주 쉽게 풀렸구나, 하하!"

영문을 모르는 혁이도 깡충깡충 뛰었어요.

"그런데 배다리를 어디에다 만들지?"

또 다른 문제가 떠올랐어요.

배로 다리를 놓는 건 생각처럼 쉬운 일이 아닐 거였어요.

"이런, 다시 제자리잖아!"

세로는 턱을 괴고 쪼그려 앉아 골똘히 생각에 빠졌어요.

'물살이 센 곳은 안 돼. 여러 척의 배를 나란히 놓으려면 배끼리 부딪히지 않아야겠지? 배 위를 걸어가려면 널판을 놓아야 할까? 몇 척의 배가 있어야 행렬이 모두 지날 수 있을까?'

세로는 한양에 편지를 띄우기로 했어요.

배다리가 최선의 해결책이라는 점, 그리고 노량에 놓으면 좋겠다는 의견도 적었어요. 마지막으로 여러 장인과 기술자 들이 전문적으로 측량하고 설계한다면 좋은 결과가 있으리라고 생각을 적었습니다.

"내 머릿속에서 나왔지만 정말 훌륭한 생각이야!"

세로는 으쓱으쓱 신이 났어요. 뭔가 재미있는 일이 계속 일어날 것 같은 기분이 들어 잠도 오지 않았습니다.

얼마 뒤, 세로는 또 편지를 받았어요.

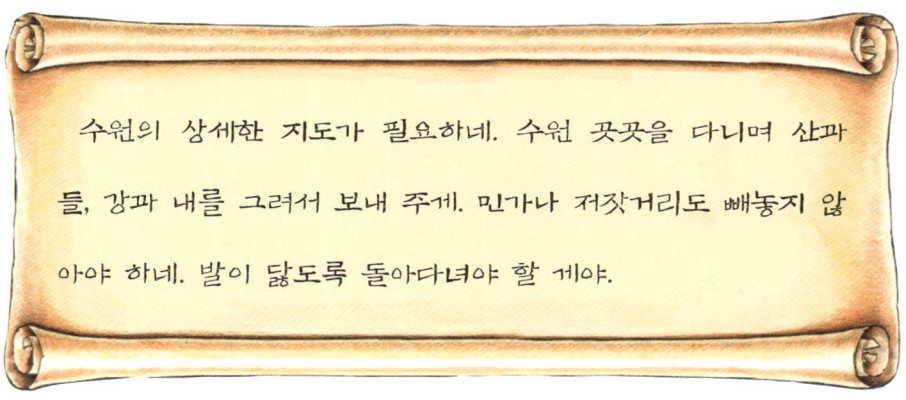

수원의 상세한 지도가 필요하네. 수원 곳곳을 다니며 산과 들, 강과 내를 그려서 보내 주게. 민가나 저잣거리도 빼놓지 않아야 하네. 발이 닳도록 돌아다녀야 할 게야.

세로와 혁이는 수원 일대를 샅샅이 돌아다녔어요.

혁이는 틈날 때마다 세로에게 이것저것 물었어요.

"낮과 밤은 왜 생겨요? 바위는 어디서 나왔어요? 달은 낮 동안 어디에 숨어 있을까요?"

세로는 그런 혁이가 기특했습니다.

"그래, 네 생각은 어떠냐? 달이 어디에 숨었던 것 같으냐?"

"나리도 모르세요?"

"혁아, 궁금한 게 그리 많은데 어찌 참고 지냈느냐?"

"어머니는 대답을 안 해 주십니다. 저번에는 지는 해를 따라 서쪽 산까지 갔었습니다. 그곳 산 밑에 해가 있을 줄 알았는데 없더라고요. 그러다 길을 잃었지 뭡니까, 헤헤!"

"네 머릿속에 뭐가 들었는지 궁금하구나. 류 대감 댁 별당에 책이 많지 않니. 꼭 읽도록 해라. 그 속에 답이 있을 게야."

"하지만……."

혁이는 무슨 말을 하려다 말고 삼켰습니다.

지도를 그리는 데는 혁이의 도움이 컸어요. 워낙 기억력이 좋아서 세로가 놓치는 것도 조목조목 집어냈어요. 처음에는 어찌 그려야 할지 몰라 우왕좌왕했지만, 조금씩 그려 가다 보니 큰 산과 언덕, 굵은 개천 줄기를 기준으로 삼아 그릴 수 있게 되었습니다.

땅의 모양, 산과 강의 위치는 지도에서 매우 중요해요. 땅과 물의 기운이 어떻게 흐르는지 알 수 있고, 큰 집이나 묘를 세울 때도 도움이 된답니다. 뿐만 아니라 마을이나 시장, 봉수대나 역참 등의 자리를 알 수 있기 때문에 이후에 길을 낸다든가 큰 성을 지을 때 꼭 필요하지요.

"선비님, 여기가 저와 쉬었던 냇가 맞지요?"

"그래. 이렇게 그려 놓으니 제법 지도 같구나."

지도는 세로와 혁이가 발품을 들일수록 점점 꼴을 갖추어 갔어요. 남들은 엉성하다고 놀릴지 모르지만 세로와 혁이에게는 천금만금을 주어도 바꾸지 않을 지도였습니다.

어느덧 해가 뉘엿뉘엿 지고 있었어요. 둘은 선선한 저녁 바람을 맞으며 언덕에 앉았어요.

노을 지는 서쪽 하늘은 정말 아름다웠어요.

"선비님, 해가 질 때 하늘은 왜 붉게 변하는 것입니까?"

"옛날 헤어진 정인을 그리워하다 가슴이 타 죽은 사내가 있었단다. 그 한이 서려서 저리 붉은 것이야."

"예? 정말입니까?"

"하하하. 농이란다, 농!"

"저는 진짜인 줄 알았습니다. 하하하!"

혁이와 세로의 웃음이 산 아래로 퍼져 나갔어요.

하지만 웃음 뒤에는 진서를 그리워하는 세로의 마음과 집에 계신 어머니를 그리워하는 혁이의 애잔한 마음이 남아 있었어요. 그런 마음을 아는지, 노을은 더욱 짙어졌습니다.

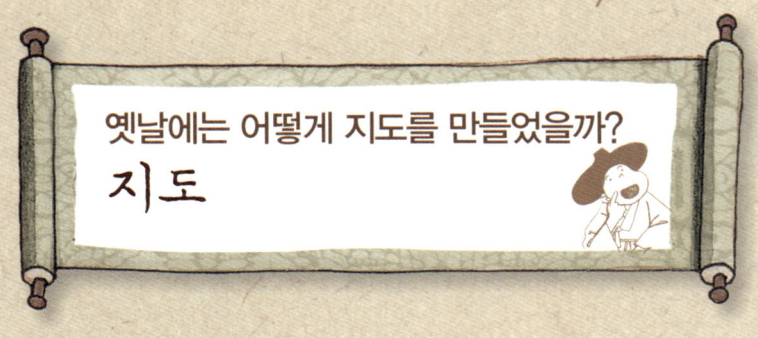

지도

옛날에는 어떻게 지도를 만들었을까?

지리는 왜 중요할까요?

조선의 왕들은 나라를 다스리기 위해 지리와 관련된 책들을 만들었어요. 나라를 잘 다스리기 위해서는 나라 구석구석을 잘 알아야 했기 때문이에요. 많은 시간이 걸리지만 꼭 필요한 일이었지요.

지도는 국경을 확정하는 일에도 필요했어요. 1706년에 숙종의 명을 받아 이이명이라는 사람이 《요계관방지도》를 만들었어요. 이 지도를 만들 당시 조선은 청나라와 북쪽의 국경을 마주하고 있었는데, 청나라가 백두산을 장백산이라고 부르며 자기의 뿌리라고 주장했습니다. 이에 조선의 임금인 숙종은 백두산이 우리 땅이라는 확실한 근거를 마련하고, 청나라의 지리 정보를 알아 둘 목적으로 지도를 만들게 했던 거예요.

한편 사람들은 늘 바다 건너 가 보지 못한 세계를 궁금해했어요. 《혼일강리역대국도지도》는 중국을 중심으로 조선과 일본 이외에도 아라비아, 유럽, 아프리카까지 그린 세계 지도로, 이는 지도가 제작된 600여 년 전에도 중국 이외에 다른 세계가 존재한다는 것을 알고 있었다는 증거예요.

혼일강리역대국도지도

46

조선 지도의 결정판, 대동여지도

서양 과학 기술의 영향을 받으면서 우리나라의 지도 만드는 기술도 발전해 갔습니다. 또한 조선 후기의 실학자들은 임진왜란과 병자호란을 겪으면서 우리 땅과 역사를 연구하기 시작했어요. 이러한 조선의 지도 제작 기술과 실학자들의 관심을 모두 모아 놓은 것이 김정호의 《대동여지도》입니다.

《대동여지도》는 가로 20센티미터, 세로 30센티미터의 종이를 길게 이어 붙인 책으로서 총 22권으로 이루어져 있습니다. 이 한 책을 첩이라고 부르는데, 세로 22단의 한 단을 좌우로 죽 연결하여 병풍처럼 펼쳐 볼 수도 있고 차곡차곡 접어서 들고 다닐 수도 있었습니다.

《대동여지도》는 1:160,000의 축척을 사용하여 조선을 나타냈고, 지도에 10리마다 방점을 표시하여 어디서든 거리를 알아볼 수 있게 만들었어요. 방점의 거리가 가까운 곳도 있고 먼 곳도 있는데, 평지와 산지의 기울기를 고려한 것이에요. 그리고 흑백으로 인쇄되는 것을 감안해 도로는 직선으로, 물길은 곡선으로 구별했습니다.

예전의 지도에는 지도의 여백에 깨알 같은 글씨로 인구, 전답, 군정, 곡식, 별칭, 서울까지의 거리 등 온갖 정보를 적어 놓았으나, 《대동여지도》에서는 알기 쉬운 기호로 표현하는 새로운 방식을 이용했어요. 체계적이고 적극적으로 기호를 활용한 지도는 《대동여지도》가 최초였습니다.

대동여지도

별당 모임

지도가 완성된 날 밤, 류 대감 댁 별당에는 낯선 사람들이 모여 있었어요.

지친 발을 이끌고 별당으로 들어가던 세로는 깜짝 놀랐어요.

류 대감이 세로에게 모인 사람들을 소개했습니다.

"드디어 모두 모였네요. 이분들은 조선의 이름난 학자와 기술자들입니다. 우리끼리는 별당 모임이라고 하지요."

"별당 모임이라고요?"

"임금님께서 새로운 사상과 뜻을 담은 성을 짓고 싶어 하십니다. 이 모임은 그 때문에 꾸려진 것입니다."

"그렇다면, 그 편지들은?"

"수원 행차가 지나갈 다리가 필요했지요. 그리고 성을 지으려면 상세한 지도가 기본 아니겠습니까, 허허허! 공판 대감께서 이선비님을 통해 조심스럽게 일을 진행하고 계셨습니다."

"저는 그런 줄도 모르고."

세로는 무슨 일인 줄도 모르고 마냥 신이 났던 게 부끄러웠지만, 중요한 일에 한몫 해냈다는 기쁨도 컸어요.

류 대감이 별당 모임 회원들을 둘러보며 말했어요.

"이제부터가 시작입니다. 임금님께서 기대하시는 바가 무척 큽니다. 우리가 부디 좋은 결과를 내야 할 것입니다."

세로는 방 안에 있는 사람들을 한 명 한 명 살폈어요. 류 대감의 소개에 따르면 정말 대단한 사람들이었어요. 규장각의 백과사전이라 불리는 강 학사, 조선의 내로라하는 대상인 장판술, 그리고 서양 물건이건 중국 기기건 못 다루는 게 없는 기술자 장희까지 각자의 분야에서 단연 으뜸으로 꼽히는 사람들이었습니다. 그때 류 대감이 세로를 소개했어요.

"마지막으로 이분은 무슨 일이든 맡기기만 하면 척척 해내시는 이선비입니다."

세로는 가슴을 쫙 폈어요. 어깨가 저절로 으쓱했지요.

'무슨 일이든 척척!'

"자, 소개를 마쳤으니 바로 회의를 시작할까요? 갈 길이 아주 멉니다그려."

모인 사람들은 각자의 분야에 있어 성을 짓는 데 필요한 절차를 세세하게 의논했어요. 강 학사는 백성의 부역 기간을 줄이는 법과 임금을 주는 것에 대해 의견을 냈어요. 장희는 무거운 자재를 쉽게 들어 올리는 법, 바위를 벽돌처럼 쌓는 법에 대해 설명했어요. 장

판술은 성을 짓는 데 필요한 자금을 어떻게 마련할지 계획을 말했습니다. 류 대감은 너무 덥거나 추울 때를 대비해 일의 양을 조절할 계획을 내고, 성이 지어지는 과정 하나하나를 기록으로 남겨야 한다고 했어요.

"의궤 말씀입니까?"

강 학사가 류 대감에게 물었어요.

"예, 이번 의궤는 활자로 찍어 내는 것이 어떨까 싶습니다."

류 대감은 세세하게 기록을 남겨 뒷날 성을 보수하거나 성을 쌓을 때 참고가 되도록 해야 한다며 자신의 구상을 말했어요.

여러 의견이 오가는 내내 세로는 입을 꾹 다물고 있었어요.

'아이고, 골치야! 뭐가 이리 복잡하담.'

세로는 머리를 싸쥐고 싶었어요. 손이 자꾸 올라가는 걸 꾹 참았지요.

별당 모임은 밤이 깊도록 이어졌어요.

"성을 짓는 데 쓰일 기기들입니다."

장희가 다양한 기기가 그려진 도면을 펼쳤어요. 세로가 처음 류 대감 댁에 왔을 때 마당에서 본 장비들이었습니다. 장희의 설명을 들으며 도면을 보니 기기가 어떻게 작동하는지 쉽게 이해할 수 있었어요.

"그래, 정 학사는 성의 설계를 다 끝내셨습니까?"

류 대감이 장희에게 물었어요.

"마무리 중이라고 들었습니다."

"정 학사라니요?"

낯선 이름이 들리자 세로가 물었어요.

"돌아가신 아버님의 무덤 옆에서 움막을 짓고 시묘를 살면서 성을 설계하고 있는 선비가 있습니다. 우리와는 서신을 주고받으며 함께 일하고 있지요."

"묘 앞에서요?"

별당에서 모임이 진행되는 동안 아버님의 묘를 지키며 연구에 열중하고 있는 한 사람이 있었어요. 이제까지 없던 성을 만들어 내야 하는 사람, 바로 정 학사였습니다. 정 학사의 움막에는 여러 나라에서 들어온 희귀한 책과 정 학사가 자신의 생각을 정리한 기록이 산더미처럼 쌓여 있었어요.

밤낮을 가리지 않고 설계에 매달렸던 정 학사는 조금 지쳐 있었어요. 읽어야 할 책도 많고 살펴볼 기록도 넘쳐났기 때문이에요.

정 학사는 잠시 머리를 식힐 겸 자리에 누워 지도를 쳐다보았어

요. 서툰 솜씨로 그린 지도이지만 왠지 정이 갔어요.

"하하하! 이게 무언가? 용변이라도 보는 건가?"

한참 지도를 들여다보던 정 학사가 웃음을 터뜨렸어요.

지도 속에 발을 주무르고 있는 선비와 오줌을 누고 있는 아이가 있었어요. 나무 아래 숨은 그림처럼 작게 그려져 있었습니다.

"숨은 그림이라. 이렇게 몰래 숨어 있는 적을 찾아내고, 바깥 동태를 살필 수 있다면……, 그래!"

두통이 싹 사라지고 번쩍 하며 여러 가지 생각들이 마구 떠올랐어요.

"적군이 성 근처에도 못 오게 해야지! 바깥 동태를 살피기 좋게 성벽에 구멍을 뚫는 거야. 그 구멍으로 총도 쏘고, 활도 쏠 수 있게 해야겠다. 작은 성문은 안 보이게 숨기고……. 하하, 분명 멋진 성이 될 거야!"

생각은 꼬리에 꼬리를 물고 이어졌어요.

정 학사는 책상에 고쳐 앉아 생각을 정리하며 기록하기 시작했어요. 그 순간 예전에 읽었던 책 내용이 떠올랐어요.

"가만, 왜군들이 배 위에 올라오지 못하게 하던 배도 있었지. 배에서 포를 쏘기도 하고 말이야. 이번에 짓는 성도 적들이 기어오르지 못하게 쌓아야겠어. 성 안에서 포를 쏠 수 있게 넓은 자리도 만들고……."

지도를 보고 힘을 얻은 정 학사는 갑자기 신이 났어요. 이렇게 멋진 성을 생각해 낸 사람은 없을 거란 자신감이 생겼어요. 이제까지 열심히 해 온 성과를 마무리할 기운도 솟았습니다.

정 학사는 성의 모양과 크기, 성벽을 쌓는 방법, 성을 짓는 데 필요한 기기들까지 상세하게 적어 책으로 엮었어요. 한 자 한 자 정성을 다해 글을 쓰고 그림을 그려 넣었지요. 그러고는 정리한 책을 챙겨서 한양으로 떠났어요. 이제 임금님께 보여 드릴 일만 남았습니다.

며칠이 지나고, 별당에서 코를 골며 자는 세로에게 편지가 한 통 도착했어요.

"나리, 한양에서 편지가 왔네유."

돌쇠가 공판 대감이 보낸 편지를 들고 세로를 깨웠습니다.

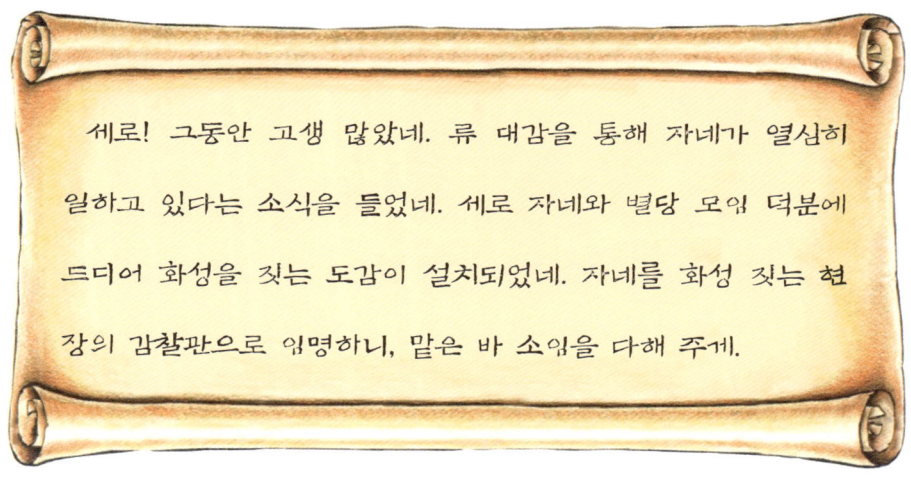

세로! 그동안 고생 많았네. 류 대감을 통해 자네가 열심히 일하고 있다는 소식을 들었네. 세로 자네와 별당 모임 덕분에 드디어 화성을 짓는 도감이 설치되었네. 자네를 화성 짓는 현장의 감찰관으로 임명하니, 맡은 바 소임을 다해 주게.

편지와 함께 부쳐진 것은 책이었어요. 정 학사가 완성한 바로 그 책이었지요. 책에는 화성을 짓는 데 필요한 모든 것이 들어 있었습

니다.

"아주 멋진 책이야! 상세하고 치밀하고, 이렇게 새롭다니……."

세로는 깜짝 놀랐어요.

"저도 보여 주세요!"

혁이는 세로 팔에 매달렸어요.

"대체 왜들 그러는지 모르겠네유. 그냥 하던 대로 하는 게 편하지 않으세유? 고생고생하면서 왜들 그러는지 참말로 모르겠네유."

책을 보려고 낑낑대는 혁이와 장난치는 세로를 보며 돌쇠는 심드렁하게 말했어요.

"혁아, 너도 그렇게 생각하느냐?"

"저는 그저 나리와 함께 신기하고 재밌는 일을 하는 게 좋습니다. 그런데 새로운 방법을 고민하는 게 잘못입니까?"

"글쎄다."

"저는 좋습니다. 상상하던 일이 이루어지고, 뭔가 멋지게 변하는 것 같거든요."

세로는 고개를 끄덕였어요.

혁이는 별을 본다며 천리경을 붙잡고 며칠 밤을 새우기도 하고, 어떤 날은 물시계를 따라 만들겠다며 법석을 피우기도 했습니다.

그런 혁이를 보며 세로는 예전에 천인이면서 해시계와 물시계를 만들었던 한 사람이 떠올랐어요. 어쩌면 혁이도 그분처럼 나라를 위해 큰일을 할 수 있겠구나 하는 생각이 들었습니다.

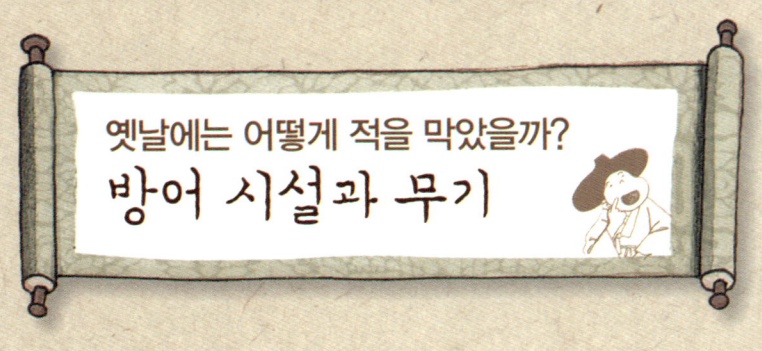

옛날에는 어떻게 적을 막았을까?
방어 시설과 무기

　성의 형태는 그 장소에 따라 산성과 평지성, 평산성으로 나뉩니다. 산성은 산에 쌓은 성을 말하는데 다시 테뫼식, 포곡식, 산복식, 마안봉식 산성으로 나뉘어요. 테뫼식 산성은 산봉우리를 왕관같이 둘러싸는 모양으로, 산 위에 있어서 방어에는 유리하지만 물이나 물자를 구하기는 어려워요. 포곡식 산성은 골짜기를 감싸 안는 형태인데, 골짜기를 감싸고 있어서 물을 구하기 쉽습니다. 이외에도 산허리에 성을 쌓은 산복식, 말의 안장처럼 생긴 마안봉식 산성이 있어요. 우리나라는 국토의 70퍼센트가 산이라 산성을 활용하여 적을 잘 물리치곤 했습니다.

테뫼식　　　포곡식　　　산복식　　　마안봉식

평지성은 평평한 평지에 쌓은 성을 말하는데, 평상시에는 평지성에서 살다가 전쟁이 일어나면 산성으로 들어가서 전쟁을 준비했어요. 산성과 평지성 두 가지를 합쳐서 만든 것이 평산성으로, 화성은 팔달산 부분이 포곡식 산성이고 북쪽과 남쪽은 평지성이기 때문에 평산성에 속합니다.

문

문은 성문과 암문, 수문으로 나누어져 있습니다. 성문은 성의 안과 밖을 연결하는 통로로, 사람들이 평소에 출입하는 문이에요. 성문에는 성문 방어를 위한 옹성과 성벽에 다가선 적에게 뜨거운 물이나 기름을 부어 공격하기 위해 지어진 현안, 적을 관측하고 총을 쏘는 총안이 있습니다.

암문은 비상시에 출입하려고 만든 문으로, 성의 후미진 곳에 문을 내어 사람이나 가축이 드나들 수 있게 했어요. 수문은 개천과 성벽이 만나는 곳에 만들었으며, 화성에는 북수문과 남수문이 있어요.

암문

장안문

화홍문(수문)

대

적을 감시하기 위해 높은 곳에 만든 시설이에요. 적대와 장대, 노대로 나뉘는데 적대는 장안문과 팔달문 좌우에 있으며, 높은 곳에서 적을 감시하는 역할을 했어요. 장대는 장수가 성 안팎을 살펴보면서 군사를 지휘하는 곳이에요. 장대 옆에는 노대가 있어서 명령이 떨어지면 깃발을 흔들어 명령을 전달하기도 하고, 쇠뇌라는 큰 화살을 날리기도 했습니다.

북서적대

서장대

서노대

돈

돈은 주변을 감시할 수 있는 위치에 만들어 공격용 시설을 두거나 주변을 감시하는 역할을 했어요. 돈은 공심돈과 봉돈으로 나뉘는데, 공심돈은 속이 빈 돈으로 군사들이 머물면서 구멍을 통해 총이나 화포로 적을 공격할 수 있는 시설이에요. 봉돈은 주변을 정찰하여 신호를 보낼 수 있도록 설치한 곳으로, 다섯 개의 큰 굴뚝을 만들었어요.

동북공심돈

봉돈

누

문과 벽이 없이 높게 지은 건물로, 각루, 포(砲)루, 포(鋪)루로 나뉘어요. 각루는 높은 곳에 세운 누각으로, 주변을 감시하거나 휴식을 취하는 시설입니다. 성벽의 일부를 튀어나오게 하고 안을 비워서 만든 포(砲)루는 그 안에 화포를 두었다가 적을 공격하도록 만든 시설이에요. 포(鋪)루는 성벽을 튀어나오게 만들고 그 위에 군사들이 몸을 숨길 수 있도록 지은 집으로, 외부의 적들은 그 안에 있는 군사들을 볼 수 없었어요.

동북각루

북포(砲)루

서포(鋪)루

치성

성벽을 밖으로 튀어나오게 쌓은 시설이에요. 포(砲)루와 포(鋪)루는 치성 위에 지은 건물이에요.

서삼치

포사

공격 시설은 없지만 성벽에 숨어서 지키던 군사가 포를 쏘아 신호를 하면 성안의 포사에 있는 군사는 깃발이나 포로 그 신호를 성안 사람들에게 전달하는 역할을 했습니다.

서남암문 포사

방어 무기들을 살펴보아요

쇠뇌

나무로 만든 활 틀 위에 활을 얹고 손이나 기계를 이용하여 활시위를 당긴 뒤 방아쇠로 발사하는 무기예요. 시위를 한 번 걸어 놓으면 발사할 때까지 힘을 소모시키지 않는다는 점과, 발이나 기계를 이용하여 시위를 걸 수 있어서 보다 강력한 힘을 얻을 수 있다는 장점이 있어요. 하지만 활에 비해 잇따라 쏘는 속도가 느린 단점이 있습니다.

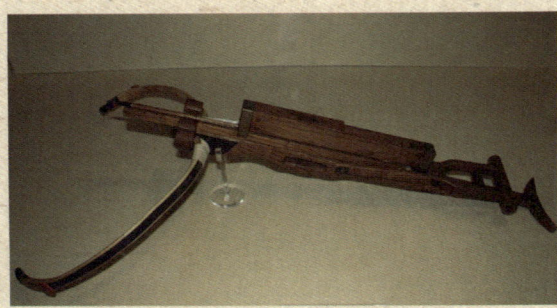

수노

수노는 활 틀 위에 얹은 목제 탄창에 짧은 화살을 여러 개 넣고 뒤쪽의 손잡이를 잡아당기면 시위가 당겨졌다가 자동으로 화살이 발사되는 무기예요. 빠른 속도로 활을 발사할 수 있어서 돌격하는 적들을 물리칠 수 있고, 힘이 약한 아이나 여자도 사용할 수 있어요. 하지만 사거리가 몇 십 보밖에 되지 않고, 조준 사격이 불가능하며, 관통력도 매우 약하다는 단점이 있습니다.

궐장노

궐장노는 발로 활을 밟고 시위를 건다고 해서 붙여진 이름이에요. 긴 화살과 짧은 화살이 사용되며, 사용하는 사람의 힘과 용도에 따라 크기와 재질이 달랐습니다.

녹로노

녹로를 이용하여 시위를 당긴 뒤 활을 들어 올려 발사하는 기계식 쇠뇌입니다. 이런 기계식 쇠뇌는 주로 적의 성을 공격하거나 적의 방패를 깨뜨리는 데 사용되었던 것으로 보입니다.

조선의 화포

조선은 일찍이 화포에 대해 큰 관심을 보였습니다. 태종은 왜구와 여진을 정벌하기 위해 화포의 제작에 많은 노력을 기울였지요. 하지만 당시에는 화포 제작 기술이 발달하지 못하여 사거리(탄이나 화살 등이 발사되어 도달할 수 있는 거리)가 매우 짧았습니다.

임진왜란 뒤 서양의 여러 화포가 전해졌고 조선 후기에 화약 재료인 염초의 제조 기술이 발달하면서 보다 좋은 성능의 화약이 화포에 사용되었습니다.

홍이포

홍이란 머리털이 붉은 서양 사람을 가리키는 말로, 홍이포는 16세기에 네덜란드인에 의해 명나라에 전해진 서양식 신형 대포를 말해요. 병자호란 당시에는 청나라 부대가 홍이포를 사용하여 강화도를 함락시키고 남한산성을 무너뜨렸지요. 네덜란드인으로 제주도에 표류한 벨테브레(박연), 히아베르츠, 피아테르츠 등이 훈련도감에서 조선군에게 홍이포의 제작법 · 조종법을 가르쳤습니다.

불랑기포

불랑은 프랑크(Frank)라는 단어에서 유래된 말로, 중국에서 유럽인을 이르는 말이에요. 불랑기포는 16세기 초에 중국에 도입되었고, 거의 같은 시기에 조선에도 전해졌습니다.

원래 조선에 있던 화포에는 모포(화포)에 직접 탄환을 장전하여 발사했기 때문에 잇따라 쏘는 속도가 느렸지만, 불랑기포는 모포 한 개에 여러 개의 자포(탄약 장전실, 약실)로 구성되어 미리 장전을 해 둔 자포를 이용해 빠른 속도로 사격을 할 수 있었으며, 발사 중에도 다른 자포에 장전할 수 있는 장점이 있었어요. 조선 후기에는 이 불랑기포가 대량으로 제작되어 성과 보루에 배치되면서 조선군의 주력 화포로 사용되었습니다.

부역장은 북적북적

수원에 화성을 짓는 도감이 설치되자 본격적으로 일이 시작됐어요. 설계도대로 작업 일정이 짜여졌고, 그에 따라 일이 착착 진행되었어요. 감찰관이 된 세로는 새벽부터 일꾼들을 지휘했어요.

성터 가운데를 가로지르는 도로가 놓이고, 그 위를 오가는 수레도 만들어졌어요. 스님 목수들이 목재를 다듬어 수원으로 내려오고, 돌 깎는 석수장이들이 바위를 다듬어 수원으로 옮겨 왔어요.

전국에서 모인 장인과 부역을 하는 일꾼들에게 일이 주어졌습니다. 벽돌을 잘 쌓는 김큰놈, 힘쓰는 일이라면 자신 있는 마당쇠, 기와를 잘 올리는 박막내……, 평민이라도 기술이 있으면 재주를 인정받으며 일할 수 있었어요.

바쁜 하루하루가 지나던 어느 날이었습니다.

서쪽 부역장에서 일꾼들이 수군거리는 소리가 들렸어요.

"귀신이 이 근처를 돌아다닌대. 녹로 옆에 서 있었대."

"나도 들었어. 지난 보름에는 수레 밑에서 나왔다지?"

귀신이라는 말에 세로는 귀가 쫑긋했어요.

'귀신이라고?'

소복을 입고 서 있는 귀신을 상상하며 눈을 가늘게 뜨고 주변을 둘러보았지요.

"나리, 일꾼들 사이에 소문이 돌면 어쩐대유?"

돌쇠가 걱정스럽게 물었어요.

"아차! 그 생각을 못했구나. 무슨 수를 써야겠다."

그날 밤, 세로와 돌쇠는 깜깜한 부역장 곳곳을 돌아다니고 있었어요.

"이런다고 되겠어유?"

돌쇠는 못 믿겠다는 듯 세로에게 속삭였어요.

"낸들 알겠느냐? 일단 해 보는 수밖에……. 그런데 정말 귀신이 나오긴 하는 거냐?"

세로와 돌쇠는 귀신을 쫓는다는 부적을 구해 와 부역장 구석구석에 붙이고, 팥을 뿌렸어요.

"돌쇠야, 눈에 띄지 않는 곳에 붙여야 한다."

세로가 소리 죽여 말했어요.

세로는 심장이 쿵쾅거리고 목이 탔어요. 정말 귀신이 나타날까 봐 잔뜩 겁을 먹고 있었습니다.

그때 이상한 소리가 들렸어요.

"드르륵, 드르륵."

세로는 소리 나는 쪽을 보았어요. 희끄무레한 것이 거중기 근처에 어른거렸어요. 갑자기 등이 서늘해지고, 심장은 쿵쿵 뛰고, 머리가 어지러웠습니다.

"도, 도, 돌······."

돌쇠를 부르려고 했지만 목구멍이 달라붙어 소리가 나오지 않았어요.

허연 그림자는 이리저리 움직이더니 홀연히 사라졌어요.

"왜 그러세유?"

돌쇠가 뻣뻣하게 얼어붙은 세로를 보고 물었어요.

"아, 아무것도 아니다."

세로는 겨우 숨을 토해 대답했어요. 기운이 쭉 빠졌어요. 들고 있던 부적을 내려다보며 세로는 생각했지요.

'이게 다 무슨 소용이람!'

세로는 멍하니 별당으로 돌아왔습니다.

다음 날 아침.

간밤에 무슨 일이 있었냐는 듯, 아침 해는 밝게 빛나고 새들은 맑은 소리로 지저귀었어요. 일꾼들은 힘차게 일을 시작했지요.

"에이, 겁쟁이!"

세로는 자기 머리에 알밤을 먹였어요.

세로는 결국 밤새 붙였던 부적과 팥을 모조리 거둬들였어요. 부적 앞에서도 멀쩡히 나타난 귀신을 어떻게 잡겠어요. 헛일을 한 것도 속상했지만, 무엇보다 대장부 체면에 귀신을 보고 벌벌 떤 것이 너무 창피했습니다.

'귀신이냐, 사람이냐? 정체를 밝혀라! 이렇게 소리쳤어야지.'

세로는 다시 한 번 자기 머리를 콩 때렸어요.

그나마 다행은 돌쇠가 귀신을 못 보았다는 것이었지요. 돌쇠는 그저 세로가 부적을 붙이랬다 떼랬다 한다고 투덜거리기에 바빴습니다.

"나리, 뭐 하세요? 머리가 아프십니까?"

"아무것도 아니다. 무슨 일로 왔느냐?"

"나리, 저도 책을 읽고 싶습니다."

"그래? 읽으면 되지, 뭐가 문제더냐?"

"훈민정음은 알지만, 한자는 배우지 못했습니다."

"무슨 소리냐? 네가 들춰 본 책이 한두 권이 아니거늘. 그렇다면……?"

"예, 그림만 봤습니다. 헤헤! 그래도 몇 자는 압니다. 하늘 천, 땅 지."

"그래서 그림을 그토록 열심히 보았구나. 그런 줄도 모르고!"

세로는 혁이가 애틋했어요. 속상한 한편 기특하기도 했습니다.

"그렇게 열심인데 내가 도와야지. 임금님도 공부하는 학자들을 도우시는데!"

"임금님이 학자들을 도와주세요?"

"그럼. 학자들을 위해 주자소를 만들어 주셨단다."

"주자소요?"

주자소는 활자를 만드는 곳이에요. 임금님께서는 궐 안에 주자소를 만들었어요. 꼭 필요한 책들을 활자로 만들어 여러 권 찍어 낼 수 있도록 한 것이지요.

그 말을 들은 혁이가 활짝 웃으며 물었어요.

"한글도 활자로 만들면 한글 책을 찍어 낼 수 있을까요?"

"그렇겠구나! 곧 그런 날이 오겠지."

세로는 혁이를 도울 수 있어서 기뻤어요. 혁이가 한자를 익혀 별당에 있는 책을 읽게 된다면 전에 세로가 상상했던 것처럼 나라를 위해 큰일을 할 수 있을 거예요.

그때 헐레벌떡 돌쇠가 달려왔어요.

"나리, 큰일 났어유."

"큰일이라니?"

서쪽 부역장 가운데에 일꾼들이 모여 있었어요.

"귀신 붙은 기계는 더는 못 쓰겠습니다!"

인상이 하도 험해서 험상이라고 불리는 일꾼이 씩씩대며 거칠게 말했어요.

"귀신이라니?"

"어젯밤에도 거중기에 매달린 귀신을 봤답니다. 쓰기도 어려운데 귀신까지 붙었으니, 어찌 씁니까?"

여기저기서 불만이 터져 나왔어요.

"귀신이라니! 자네들이 좀 더 편하게 일하라고 만든 기계일세. 모르는 겐가?"

세로가 아무리 말해도 소용이 없었어요.

"무슨 말씀을 하셔도 소용없습니다. 귀신 붙은 기계는 쓰지 않겠습니다, 나리!"

"말 같지 않은 소리!"

세로는 벌컥 화를 냈어요. 일꾼들에게도 화가 났지만, 귀신한테도 역정이 났습니다.

'그놈의 귀신이 말썽이야, 말썽!'

옆에서 상황을 지켜보고 있던 장희가 나섰어요. 새로운 기기를 다루는 데 일가견이 있다는 별당 모임 중 한 명이었어요.

"몇 번 써 보지도 않고 소용없다니, 그게 무슨 소린가? 내가 작동하는 법을 알려 줄 테니 잘 들어 보게."

장희는 차분하게 설득했지만, 험상이와 일꾼들은 들으려 하지 않았어요.

그 모습을 본 세로가 버럭 소리를 질렀어요.

"자네 뜻대로 하게! 하지만 그 책임은 모두 자네들 몫이니 그리 알아!"

화가 난 세로는 모여 있던 인부들을 쫓아 버렸어요. 뭐든 마음대로 하라고 소리쳤지만 마음이 불편했습니다.

헙상이와 인부들이 물러가고 다시 작업이 시작되었어요.

"사람들의 생각을 바꾸는 건 쉬운 일이 아닌가 봅니다. 아무리 좋은 것을 만들어도 알아주지 않으면 소용이 없군요."

"언젠가 알아줄 날이 있겠지. 기운 내게나!"

세로가 장희의 어깨를 두드리며 위로했습니다.

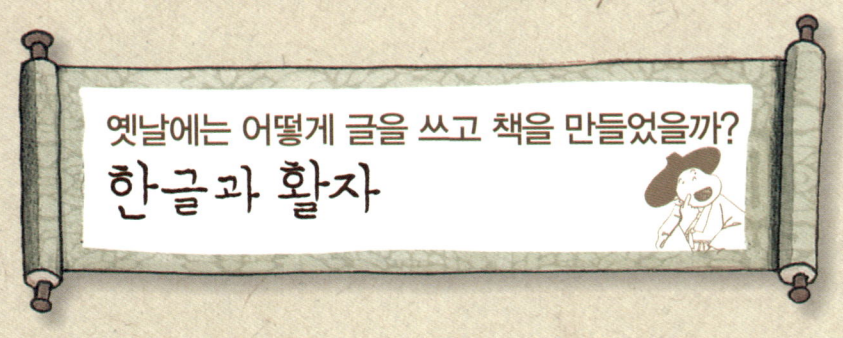

옛날에는 어떻게 글을 쓰고 책을 만들었을까?
한글과 활자

❋ 한글

한글은 1443년(세종 25년) 세종 대왕이 만든 우리나라 글자로, 1446년(세종 28년)에 반포되었습니다. 한글의 원래 이름은 훈민정음(訓民正音)으로, '백성을 가르치는 바른 소리'라는 뜻입니다.

'한글'이라는 이름은 1910년대 초에 주시경 선생을 비롯한 한글학자들이 쓰기 시작한 것으로, '큰 글'이라는 뜻을 담고 있습니다.

세종대왕은 왜 훈민정음을 만들었을까요?

세종 대왕은 훈민정음 어제 서문에서 "(우리)나라의 말이 중국과 달라 한자와는 서로 통하지 아니하므로 이런 까닭으로 어리석은 백성이 말하고자 하는 바가 있어도 마침내 제 뜻을 능히 펴지 못하는 사람이 많다. 내가 이를 불쌍하게 생각하여 새로 스물여덟 자를 만드니 사람마다 하여금 쉽게 익혀 매일 씀에 편안하게 하고자 할 따름이다."라고 훈민정음을 창제한 이유에 대해 말하고 있습니다.

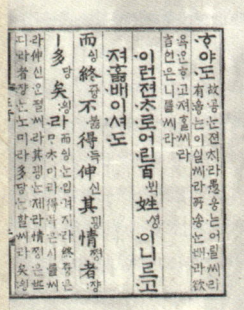

훈민정음 언해본

한글은 주로 누가 사용했을까요?

한글이 처음 만들어졌을 당시, 양반들은 '언문(상스러운 말을 적는 문자)'이라고 무시하며 사용하지 않았어요. 남자 양반들이 한글 사용을 꺼리고 있을 때 양반집 여자들은 사용하기 어려운 한문 대신 한글을 쓰기 시작했는데, 이 때문에 한글은 '암글(여자들이 사용하는 글이라는 뜻)'이라고 불리기도 했어요. 양반집 여자들은 주로 편지를 주고받을 때 한글을 많이 사용했어요. 그 뒤로 국가에서도 한글로 된 책들을 편찬하고, 조선 후기에 이르러 훈민정음의 편리함이 널리 알려지면서 한글은 빠르게 퍼져 나갔습니다.

훈민정음은 어떤 원리로 만들어졌을까요?

한글의 자음에서 기본 되는 것은 'ㄱ·ㄴ·ㅁ·ㅅ·ㅇ'입니다. 한글의 자음은 사람의 발음기관을 본떠 만들었기 때문에 글자의 모양만 보고서도 그 글자의 소리를 짐작할 수 있어요. 또한 기본 글자에 획을 더하여 문자를 만들어 내는 방법(ㄱ-ㅋ-ㄲ / ㄷ-ㅌ-ㄸ)은 대단히 체계적이고 과학적인 방법입니다.

모음은 단 세 개의 문자(·, ㅡ, ㅣ)를 조합하여 한글에서 쓰이는 모든 모음을 만들 수 있습니다. 하늘의 둥근 모양을 본뜬 '·'(天)와 땅의 평평한 모양을 본뜬 'ㅡ'(地), 하늘과 땅 사이에 사람이 서 있는 모양을 본뜬 'ㅣ'(人)를 결합하여 만들었습니다. 이렇게 간단한 모음 체계로 가장 많은 모음을 만들어 낼 수 있습니다.

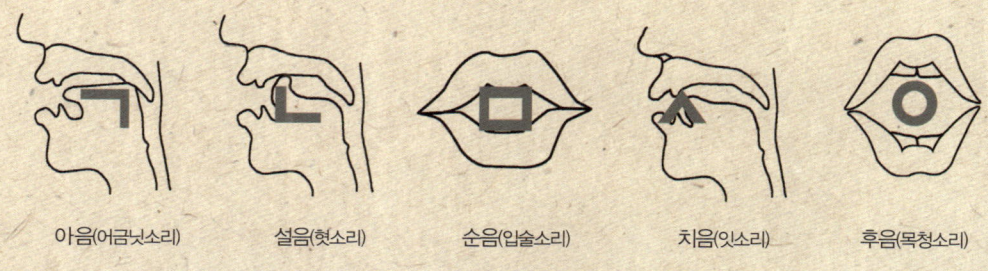

아음(어금닛소리)   설음(혓소리)   순음(입술소리)   치음(잇소리)   후음(목청소리)

발음 기관을 본떠 만든 기본 자음

활자

옛날에는 책을 펴낼 때 손으로 쓰거나 나무에 새겨서 찍어 냈어요. 처음에는 나무판에 내용 전체를 새겨서 찍어 내는 목판 인쇄를 사용하다가, 한 글자씩 활자를 만들어 찍어 내는 방법을 찾아냈어요. 활자의 종류로는 진흙을 굳혀 만든 활자, 나무로 만든 목판 활자, 금속으로 만든 금속 활자 등이 있습니다.

목판 활자

목판 활자 인쇄에 관한 초기의 기록은 북송 때 필승이 만든 교니활자(진흙을 뭉쳐 만든 활자)의 설명에 나와요. 나무로 활자를 만들면 나뭇결에 조밀함의 차이가 있어 물에 젖을 때 높고 낮음의 차가 생겨 활자 면이 고르지 않고, 또 글자를 늘어놓을 때 사용된 끈적한 점착성 물질과 서로 붙어서 떼어 내기 어렵기 때문에 흙으로 빚어 구운 활자를 사용했다는 내용이에요.

우리나라에서는 목판 활자가 언제 처음 사용되었는지 기록이 남아 있진 않지만, 고려 말 1377년에 흥덕사에서 찍어 낸《직지심체요절》을 보면 활자의 부족을 목판 활자로 보충했던 걸 알 수 있어요.

목판 활자

금속 활자

납이나 구리 등의 금속을 이용해서 만든 활자로, 쇠붙이를 녹여 거푸집에 부어서 만들었어요. 금속 활자를 만드는 재료는 구리, 아연, 주석, 납, 철 등이고, 활자를 만드는 데 사용된 금속의 성질에 따라 석(錫)활자, 연(鉛)활자, 동(銅)활자, 철(鐵)활자 등으로 나뉘어요.

〈금속 활자 만드는 과정〉

직지

세계 최초의 금속 활자 인쇄본은 1377년 고려 흥덕사라는 절에서 찍어 낸 《직지심체요절》, 즉 《직지》예요. 이는 1455년에 인쇄된 서양 최초의 금속 활자 인쇄본인 구텐베르크의 《42행 성서》보다 무려 78년이나 앞선 것이었어요.

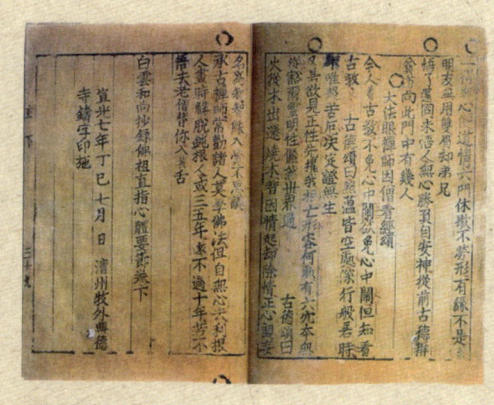

직지심체요절

세상에 귀신이 어딨어?

며칠이 지났어요.

부역장은 이른 새벽부터 공사가 한창이었어요. 모두들 힘차게 아침을 맞고 있었습니다.

세로와 혁이는 부역장 구석에서 머리를 맞대고 고민에 빠져 있었어요. 한여름에 일꾼들이 먹고 힘을 낼 수 있는 음식이 무엇일까 궁리 중이었습니다.

"악!"

부역장 한쪽에서 비명이 울렸어요.

"무슨 일이지?"

세로와 혁이는 헐레벌떡 비명 소리가 들리는 곳으로 달려갔습니다.

거중기를 쓰지 않겠다고 버티던 작업장이었어요. 그곳의 일꾼들은 예전 방식대로 받침대를 대고 돌을 끌어 올려야 했지요. 그러다 보니 위에서 밧줄을 당기는 손이 살짝 미끄러지기만 해도 큰 사고가 날 수 있었는데, 오늘 일이 터지고 만 거예요.

"으아아악!"

고통스런 비명이 부역장을 가로질렀어요. 끌어 올리던 바위가 미끄러지면서 아래쪽에 있던 큰놈이의 다리가 낀 모양이었어요.

"아이고, 큰놈아!"

"이 일을 어쩌누!"

바위를 끌어 올리던 힘상이가 온 힘을 다해 다시 밧줄을 잡아당겼어요. 그나마 험상이가 붙들고 있어서 다행이었지요. 그렇지 않았다면 밑에 깔린 다리는 으스러졌을지도 몰라요. 옆에 있던 막내가 깔린 큰놈이를 끌어내리려고 안간힘을 쓰고 있었어요. 하지만 바위는 꼼짝도 하지 않았습니다.

한눈에 사태를 파악한 세로는 사람들과 힘을 모아 바위를 들어 올렸어요. 맨손으로 바위를 받치는 이도 있고, 어깨로 미는 사람도 있었어요. 하지만 바위는 미동도 하지 않았습니다.

그때 허름한 행색의 양반이 뛰어들었어요. 어디서 들고 왔는지 단단한 막대를 바위 밑에 끼웠지요.

'지렛대?'

낯선 양반이 나무 막대를 끼우자 뒤따라 돌쇠와 혁이가 받침대로 쓸 작은 나무토막을 지렛대 밑에 끼워 넣었어요.

"어서 도와주게!"

"예, 나리!"

세로가 소리치자 어찌할 바를 모르고 섰던 장정들이 달려들었어요. 몇몇은 맨손으로 바위를 들어 올리고, 또 몇 명은 지렛대를 누르기 시작했어요.

모두들 안간힘을 다했어요.

"하나, 둘, 셋!"

바위가 조금씩 들썩거렸어요.

"하나, 둘, 셋!"

여럿이 힘을 모으자 바위가 한 번 크게 들썩이더니 둔탁한 소리를 내며 굴러갔습니다.

"어서 사람을 꺼내게!"

깔렸던 큰놈이가 드디어 바위 밑에서 빠져나왔어요.

뒤이어 낯선 양반은 짐을 뒤져 책 한 권을 꺼냈어요. 다급하게 책을 펼친 뒤 큰놈이의 다리를 조심스럽게 만졌어요. 그러고는 부목을 대고 도포 자락을 찢어 다리에 감았습니다.

"일단 뼈는 온전한 것 같네. 통증이 심할 테니, 흔들리지 않도록 조심하게. 그리고 이 책을 꼭 의원에게 보이게. 환자의 상태에 따라 치료법이 잘 정리되어 있는 책이라네. 처방 또한 간단하고 주변에서 흔히 구할 수 있는 약초를 적어 두었으니 치료에 큰 도움이 될 걸세."

"말씀대로 하겠습니다."

장정들이 수레 위로 조심스레 큰놈이를 실었어요. 큰놈이와 책을 실은 수레는 서둘러 의원이 있는 마을로 향했어요.

"휴!"

그제야 모였던 사람들이 안도의 한숨을 내쉬었어요.

"다행이야, 다행!"

"정말 큰일 날 뻔했지 뭐야."

저마다 놀란 가슴을 진정시키고 있었어요.

"이놈을 죽여 주십시오, 흐흐흑! 제가 기계를 쓰지 않겠다고 해서 그만……."

험상이가 세로 앞에 엎드려 눈물을 쏟았어요.

"아닐세. 누가 이런 일이 생길 줄 알았나. 저만하길 다행이지!"

세로의 말에 험상이는 연거푸 절을 했어요.

"고맙습니다요, 나리. 큰놈이를 구해 주신 은혜는 잊지 않겠습니다. 흑흑흑!"

"인사는 저분께 해야지……."

세로는 위험한 순간에 나타나 큰 도움을 준 선비를 돌아보았어요. 그는 한쪽에 서서 조용히 숨을 몰아쉬고 있었어요. 행색은 허름했지만 빛나는 눈동자를 가진 사람이었습니다.

'보통 사람이 아니야. 대체 누굴까?'

그때 뒤늦게 소식을 듣고 류 대감이 달려왔어요. 류 대감은 낯선 선비를 보고 반갑게 소리쳤어요.

"정 학사!"

정 학사는 사람들을 모아 놓고, 백성들이 나라를 위해 일하면서 크게 다치는 일이 없어야 한다고 말했어요. 그러기 위해 기구를 만들었으니 작동법을 잘 익혀 사용해 달라고 간곡히 부탁했습니다. 모여 있던 사람들 모두 고개를 끄덕였어요.

정 학사는 직접 줄을 당기고 풀어 보이며 거중기 사용법을 설명하고, 녹로나 유형거를 잘 쓰는 방법도 가르쳤어요.

"이 추를 달면 아주 많은 것이 바뀐다네. 비탈길을 갈 때도 수레가 흔들리지 않지. 자, 내가 직접 보여 주겠네."

정 학사는 추를 들고 몸을 굽혀 수레 아래로 기어 들어갔어요. 한참 덜거덕거린 뒤 수레 밑에서 정 학사가 나왔어요.

그런데 나오는 모양새가 이상했어요. 머리를 흔들흔들, 어기적어기적 기어 나오는 모습이 흡사 귀신 같았어요.

"수레 밑에서 나왔다는 그 귀신이 설마……!"

지켜보던 사람들은 깜짝 놀랐어요.

"내 실력에 다들 놀랐나 보군. 내가 지난 보름에도 직접 수레를 고쳐 놓았는데, 쓰기에 괜찮던가?"

사람들은 빤히 정 학사를 쳐다보았어요.

"지난번에는 거중기도 고쳐 놓았는데……, 왜들 답이 없어?"

머쓱해진 정 학사가 말끝을 흐렸어요.

"나리가 부역장에 나타난다는 귀신이세요?"

혁이가 정 학사에게 다가가 불쑥 물었어요.

혁이의 물음에 모였던 사람들이 모두 웃었어요.

"귀신이라니?"

영문을 모르는 정 학사만 물끄러미 사람들을 쳐다보았어요.

일은 일사천리로 진행되었어요. 성곽이 윤곽을 드러내고, 전각이 거의 다 지어진 어느 날이었어요. 후드득후드득 비가 쏟아지기 시작했어요.

"제가 소리 좀 뽑겠습니다."

다친 다리를 치료하고 부역장으로 돌아온 큰놈이었어요. 부채 대신 젓가락 하나를 들고 흥겹게 노래를 시작했어요.

"흥보는 아우요, 놀보는 형이라. 사람마다 오장이 육본디 놀보는 오장이 칠보라. 어찌허여 칠본고 허니……."

큰놈이의 노랫소리는 비를 가르며 멀리까지 퍼져 나갔어요.

그동안 다툼을 해결하고 부상을 이기며 어렵게 일해 온 부역장이었어요. 저마다 고향도 다르고 성격도 제각각이었지만, 일을 하다 보니 어느덧 한마음 한뜻이 되었어요. 양반이나 평민 구분 없이, 어른 아이 할 것 없이 말이에요.

큰놈이의 노래가 끝나자 사방이 고요해졌어요. 빗소리만 구슬프게 들렸지요. 비는 집에 두고 온 가족을 떠올리게 했어요.

"어머니!"

혁이가 어머니를 부르며 살짝 눈물지었어요. 세로가 가만히 혁이 머리를 쓰다듬어 주었어요. 어린 혁이의 그리움이 세로에게도 전해졌으니까요.

"이럴 때는 영락없는 어린아이구나. 그동안 고생 많았다."

눈물을 훔치는 혁이를 보며 세로는 진서를 생각했어요. 금세 집에 갈 수 있을 것이라 생각하며 수원에 내려왔지만, 어느새 꽤 오랜 시간이 지나고 있었습니다.

'어떻게 지내고 있는지……. 진서, 보고 싶구려.'

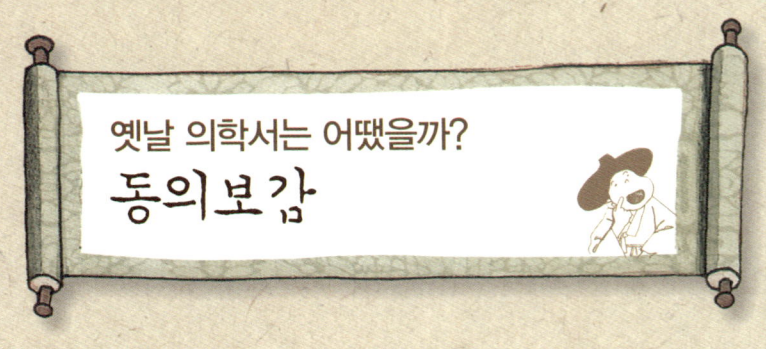

옛날 의학서는 어땠을까?
동의보감

《동의보감》은 선조의 명을 받아 허준, 정작, 양예수 등이 15년 동안 편찬한 25권의 의학 서적입니다. 동양 의학의 백과사전으로 불릴 정도로 체계적으로 구성되어 우리나라에서는 물론 일본과 중국에서도 여러 차례 간행되었어요. 《동의보감》은 2009년 7월 31일 유네스코 세계 기록 유산에 등재되면서 의학 서적으로서의 가치를 세계적으로 인정받았으며, 2015년에는 국보로 승격되었습니다.

《동의보감》은 어떤 책일까요?

첫째, 중국에서 수입한 값비싼 약재 대신 우리 산천에서 쉽게 구할 수 있는 약재들을 다수 소개했습니다.

둘째, 약재 이름을 의원들이 쓰는 전문 이름과 민간인들이 일반적으로 쓰는 한글 이름으로 함께 기록해 놓아 누구라도 쉽게 약재를 찾을 수 있게 했습니다.

셋째, 질병에 걸리는 것을 미리 방지하는 예방 의학을 강조했습니다.

넷째, 중국·일본·대만 등에 번역되어 동아시아 의학 발달에 많은 공헌을 했습니다.

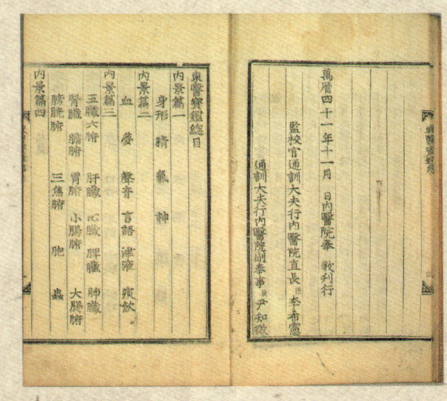

《동의보감》

허준은 어떤 인물일까요?

　1539년 경기도 양천현(오늘날 서울시 강서구)에서 태어난 허준은 서자로 태어났지만 어려서부터 좋은 교육을 받아 경전과 사서 등에 밝았습니다. 1574년 의과에 급제하여 내의원에 들어간 뒤 의관으로서의 명성을 쌓아 갔습니다. 1590년에는 선조의 아들 광해군의 두창(천연두)을 치료하여 당상관 벼슬을 받게 되었습니다.

　1592년 임진왜란으로 선조가 의주까지 피난하자 허준은 피난길을 따르며 선조의 건강을 보살폈습니다. 1596년 선조의 명을 받들어 여러 의관들과 함께 《동의보감》을 편찬하기 시작했습니다. 임진왜란이 끝나자 허준은 임금을 곁에서 모신 공으로 공신에 책봉되고 종1품의 벼슬에 오르게 됩니다. 1606년 오랫동안 차도가 없던 선조의 병세가 나아지자 선조는 허준에게 정1품의 벼슬을 내리려고 하였지만 신하들의 반대로 성사되지는 않았습니다.

　1608년 선조가 세상을 떠나자, 허준은 어의로서 책임을 지고 유배를 떠납니다. 유배지에서도 허준은 《동의보감》 편찬을 게을리하지 않았어요. 1609년 허준은 유배에서 풀려났고 다시 광해군의 어의가 되어 임금의 건강을 살폈습니다. 1610년 14년 만에 《동의보감》을 완성한 허준은 그 뒤로도 여러 의서를 편찬하고 후학을 양성하는 데 힘을 쏟다가, 1615년 77세의 나이로 눈을 감았어요. 그가 죽고 난 뒤 광해군은 허준에게 최고 관직인 정1품을 내렸습니다.

허준

새로운 도시가 완성되다

 2년 뒤, 어느 때보다 하늘이 맑은 날이었어요.
 악공들이 음악을 울리고, 군사들이 당당하게 행렬을 지키며 나아갔어요. 임금님의 행차가 출발하는 소리였어요.
 어느새 행차는 강가에 이르렀어요. 행렬 앞에 유유히 흐르는 강이 있고, 그 강물을 의연하게 가로지르는 다리가 놓여 있었어요. 임금님의 길이 펼쳐진 듯 당당한 모습이었습니다.
 홍살문이 임금님의 행차를 반기듯 서 있고, 36여 척의 큰 배들

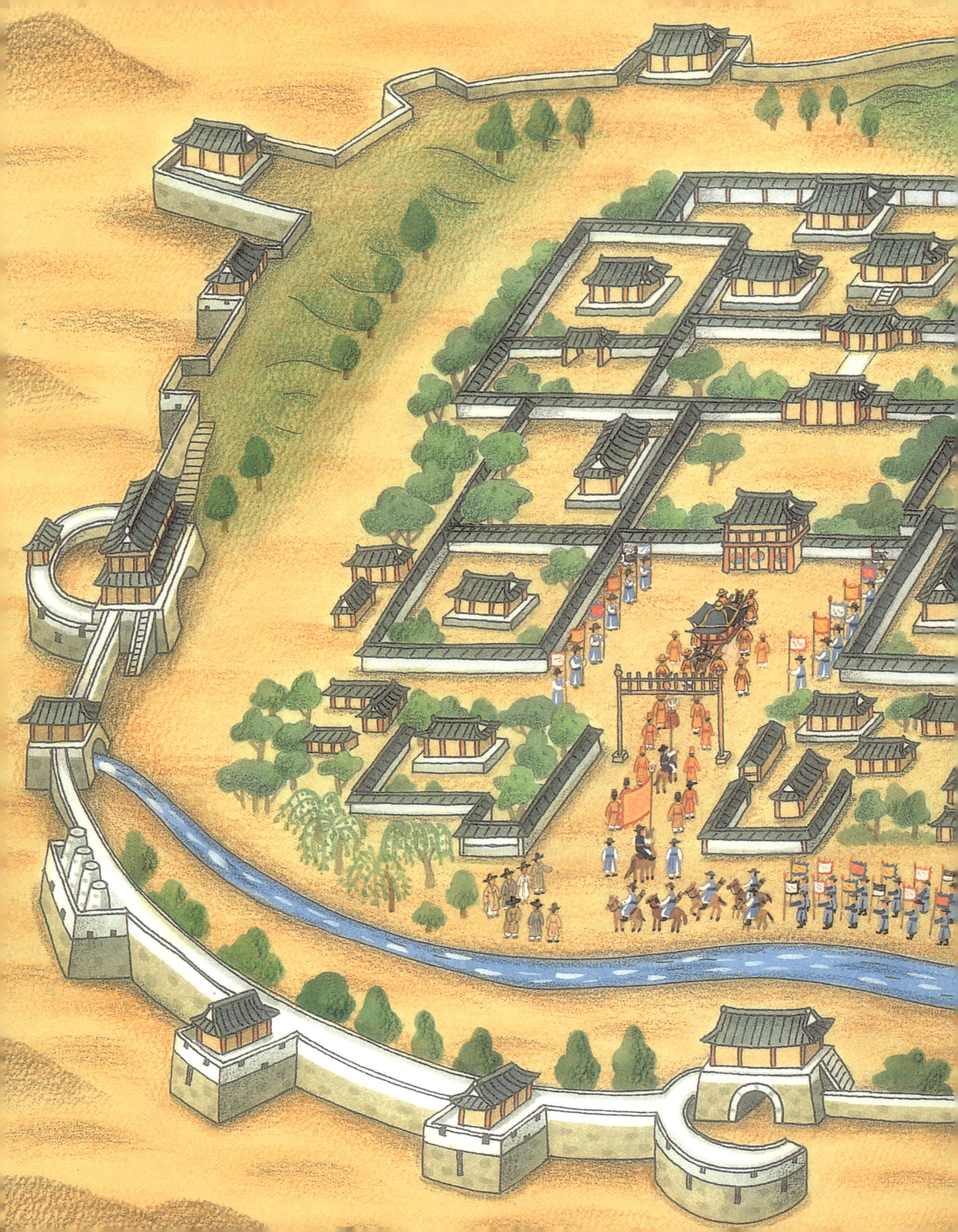

이 다리가 되어 안전하게 강을 건널 수 있도록 준비하고 있었어요. 푸른 잔디를 밟으며 행렬이 움직였어요. 높이 치솟은 깃발과 흥겨운 음악이 배다리를 건너는 임금님의 행차 소식을 널리 알렸어요. 넓은 다리 위로 가마와 말, 악공과 군사, 그리고 임금님을 따르는 신하 수백 명이 줄지어 걸었어요.

"나리, 곶감처럼 줄줄이 엮은 배들 말여유. 사슬이 풀리면 꼼짝없이 떠내려가남유?"

돌쇠가 세로에게 귓속말로 물었어요.

"별 걱정을 다 하는구나!"

세로는 통을 놓았어요. 조선에서 가장 뛰어난 기술자들이 만든 배다리인데 무슨 걱정이겠어요. 세로는 한 걸음 한 걸음 내딛을 때마다 벅찬 감동이 밀려왔습니다. 배다리가 임금님의 행렬을 강 저편으로 잘 모시고 있었으니까요.

행렬은 무사히 강을 건너 수원으로 향했어요.

수원 화성은 아름답고 웅장한 모습으로 임금님을 맞았어요. 위엄 있게 서 있었지요. 어느 나라의 성곽에 비교해도 지지 않을 만큼 튼튼하고 정교하게 지어진 성이었습니다.

수원 화성은 서쪽으로 높은 산을 지고 사방으로 너른 들을 안고 있는 모습이었어요. 높고 튼튼한 성곽은 늠름한 장수처럼 화성 전체를 에워싸고 있었지요. 지형의 흐름을 그대로 살린 성곽은 조금의 빈틈도 허락하지 않겠다는 듯 사방을 지키고 있었어요. 팔로 끌어안듯이 성문을 보호하고 있는 옹성과 밖으로 튀어나와 있는 치성은 어떤 적도 물리칠 만큼 튼튼했어요. 우뚝 선 동북 공심돈은 수십 개의 눈으로 적을 노려보는 듯했어요.

화성을 눈앞에 두고 행렬의 모든 사람들이 탄성을 질렀어요.

"대단한 성이야. 성곽이 어디까지 뻗어 있는 거야?"

사람들은 성의 규모에 놀라고, 견고함에 감동했어요. 장엄한 광경에 입을 다물지 못하는 대신도 있었어요.

"대단한 성입니다!"

조정 대신들이 공판 대감을 칭찬하는 소리가 들려왔어요.

세로와 나란히 서 있던 아내 진서가 세로에게 속삭였어요.

"정말 큰일을 하셨어요!"

"당신과 함께 보니 더욱 멋지구려."

세로도 기쁜 마음으로 대답했어요.

장안문이 용의 깃발을 앞세운 행렬을 향해 활짝 문을 열었어요. 행렬은 화성을 가로질러 행궁으로 향했어요.

산의 기운을 받으며 위엄을 드러내고 있는 것은 임금님이 머무실 행궁이었어요. '임금님의 새로운 고향'이라는 뜻이 담긴 신풍루 정문 앞에 줄지어 선 군사들이 임금님 맞을 준비를 하고 있었어요.

가장 높은 곳에 있는 서장대에서는 화성 전체를 내려다볼 수 있었어요. 군사들이 훈련하는 동장대와 봉화를 올리는 봉돈이 한자리를 차지하고, 새로 만든 연못과 노송 숲도 아름다움을 뽐내고 있었지요.

그동안 화성을 짓기 위해 애쓴 대신과 감찰관, 그리고 학자와 기술자 들이 임금님 앞에 섰어요. 정 학사와 세로, 류 대감과 장희, 별당 모임 사람들 그리고 험상이와 큰놈이까지 모두 모였습니다.

"과인은 이곳이 새로운 사상을 담고 찬란한 문화를 꽃피울 장소가 되리라 믿는다. 이곳에서 새로운 생각으로 이 나라의 앞날을 펼칠 것이니라. 모두 고생 많았다."

임금님은 기쁜 마음으로 많은 이들의 노고를 치하했어요. 새로운 사상을 실행하는 데 어려움이 많았다는 것을 누구보다 잘 알기 때문이었지요.

"성은이 망극하옵니다."

모두 임금님 앞에 머리를 조아렸어요. 그때였어요.

"성은이 망극……. 아이쿠, 내 이마!"

혁이가 바닥에 이마를 찧었어요.

먼발치에서 혁이를 보며 세로가 미소 지었습니다.

"저 아이는 앞으로 나라에 크게 쓰일 거야."

세로는 이곳에서 새로운 생각이 왜 중요한지, 그것을 실현하기 위해 얼마나 피나는 노력을 해야 하는지 깨달았어요.

세로는 오래 떨어져 있던 아내, 진서의 손을 꼭 잡았어요.

또 한 번 맡은 임무를 완수한 세로는 앞으로 어떤 일이 주어져도 거뜬히 해낼 수 있다는 자신감으로 가슴이 벅차올랐습니다.

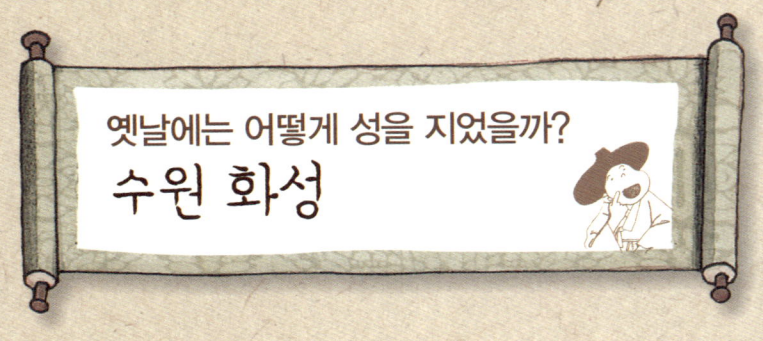

옛날에는 어떻게 성을 지었을까?
수원 화성

❋ 왜 수원일까요?

수원은 예로부터 한양으로 가는 중요한 길목이었습니다. 정조는 산으로 둘러싸인 방어 도시가 아닌 막힘없는 들판에 교통이 편리한 도시를 세우고자 했습니다. 그래서 수원이 하나의 도시로 성장할 수 있도록 주변 시설을 만들 때 가장 신경 썼던 것도 새로운 도로를 내고 역을 옮기는 일이었습니다.

수원 전경

❋ 수원 화성은 왜 만들었을까요?

정조가 아버지 사도 세자의 묘를 수원으로 옮긴 것은 큰 뜻을 펴기 위해서였어요. 당쟁의 희생으로 아버지가 억울한 죽임을 당하자, 당파 싸움을 없애고 혼란한 나라를 바로잡겠다는 결심을 했던 것이지요.

정조는 자신의 왕권을 강화하려면 새로운 정치 공간이 필요하다고 판단했는데, 이 이상을 실현하기 위해서는 충성스러운 신하, 군사력, 그리고 이들을 원만하게 다룰 수 있는 자금이 필요했습니다. 정조는 수도 한양에서는 이 세 가지를 모두 얻기 어렵다고 생각하고, 자신의 뜻을 펼칠 수 있는 새로운 도시를 건설하는 방법이 최선이라는 결론을 내렸어요. 수원은 남쪽에서 한양으로 통하는 길목일 뿐더러 상업 활동을 활발히 하기에도 입지가 좋았으며, 사도 세자의 무덤이 가까이 있어서 더없이 좋은 장소였습니다.

수원 화성은 왜 특별할까요?

수원 화성은 계획 도시였어요. 조선은 농업이 근간을 이룬 나라였지만, 조선 후기에 접어들어 주변의 여러 나라들과 교류가 늘어나면서 점차 상업의 중요성에 눈을 떴습니다. 이에 정조는 교통이 좋은 수원에 상업 도시를 만들고자 했어요. 지방에서 한양으로 통하는 길목이었던 수원은 상업을 활성화시키기에 더없이 좋은 지리적 조건을 지닌 곳이었습니다. 나라에서는 사람들을 수원으로 이주시켜 새로운 도시에 활기를 주었고, 또한 이들에게 세금을 감면해 주었어요.

정조는 새로운 도시를 만들겠다는 큰 계획을 세우고, 당시 30세의 젊은 실학자였던 다산 정약용에게 이 일을 맡겼어요. 정약용은 다양한 자료를 바탕으로, 거중기와 유형거 등 화성 축조에 필요한 새로운 기기들을 만들어 공사 기간을 놀랍게 단축시켰어요. 처음에 10년이 걸릴 것으로 예상했던 공사는 이 같은 과학 기술의 도움으로 34개월 만에 끝날 수 있었답니다.

한편, 수원 화성 축조에 동원된 백성들에게는 품삯이 지급되었어요. 그전까지 나라의 부역에는 돈을 주지 않았던 것과는 사뭇 달랐습니다. 품삯을 주면서 받은 사람의 이름과 그 사람이 일한 분야까지 꼼꼼하게 기록하였던 것을 보면 책임을 다해 열심히 일했다는 것을 알 수 있어요.

수원 화성은 정말 놀랍구나. 특별하도다!

수원 화성 구석구석 살펴보기

화성 행궁
행궁이란 왕이 도성(한양) 밖에서 머물 때 사용하는 궁입니다. 평소에는 관리들이 관청으로 사용했습니다.

화서문
보물 제403호. 화성의 서쪽에 나 있는 문입니다. 수원시의 마크는 이 화서문을 모델로 한 것입니다.

서장대
팔달산 정상에 있는 장대로, 이곳에서는 화성은 물론이고 팔달산 백 리 안쪽 상황을 모두 파악할 수 있었습니다.

서남암문
화성의 서남쪽에 있으며, 성 밖으로 나가는 비밀 통로입니다.

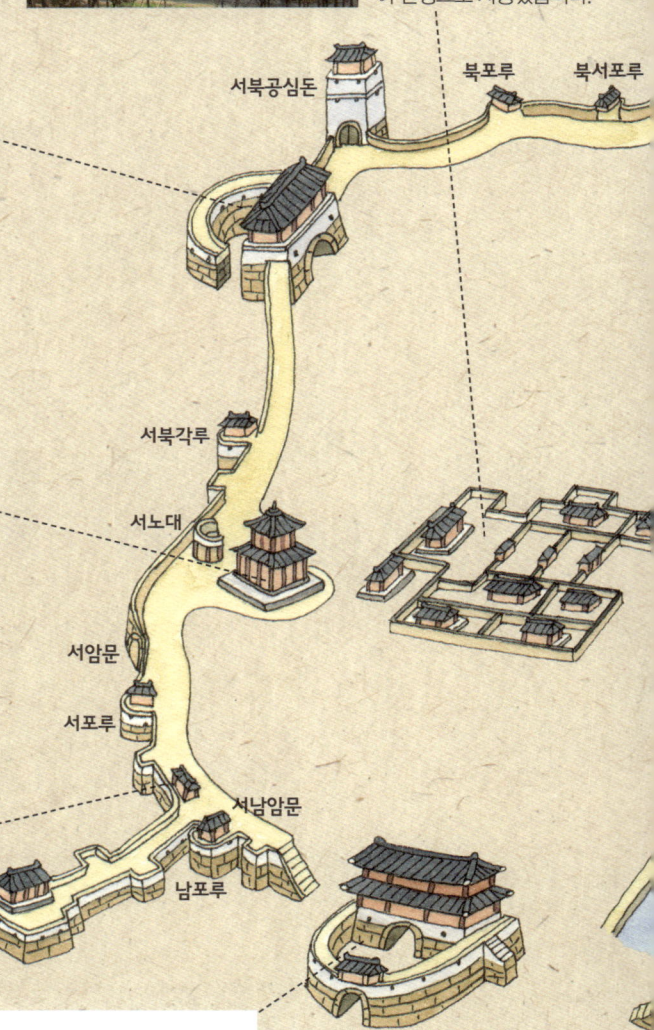

팔달문
보물 제402호. 화성의 남쪽에 나 있는 문. 3남 지방(충청도, 강원도, 경상도)에서 수원 화성으로 들어올 때는 이 문을 지나게 됩니다.

장안문

화성의 북쪽에 나 있는 문. 정조가 한양에서 화성으로 들어올 때 이 문을 통과했습니다. 모든 화성 대문에는 반원 모양으로 성문을 감싼 옹성이 있습니다.

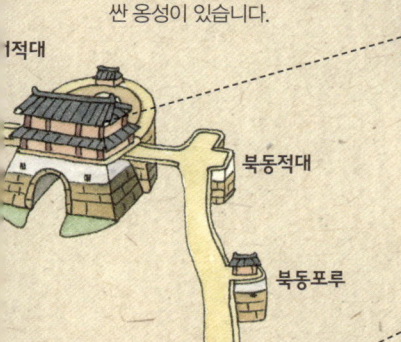

화홍문

화성을 관통하여 흐르는 수원천의 북쪽 수문입니다. 적이 쳐들어왔을 때 방어 기능도 합니다.

동북공심돈

화성 동북쪽에 있는 공심돈입니다. 군사들이 들어가 밖을 살피거나 적을 공격하는 공간으로, 벽에는 총이나 화살을 쏘기 위한 구멍이 있습니다.

창룡문

화성 동쪽에 나 있는 문. 다른 문에 비해 수원 화성의 중심에서는 멀리 떨어져 있습니다.

봉돈

봉화를 피워 상황을 알리는 곳으로, 낮에는 연기로, 밤에는 불로 신호를 보냈습니다.

🏵 수원 화성 건설에는 어떤 기기들이 쓰였을까요?

거중기

1792년(정조 16년) 다산 정약용은 정조가 중국에서 들여온 책 《기기도설》을 참고하여 거중기를 개발했어요. 거중기는 도르래의 원리를 이용하여 작은 힘으로도 무거운 물건을 들어 올릴 수 있도록 만든 기계 장치예요.

위에 네 개, 아래에 네 개의 도르래를 연결하고 아래 도르래 밑에 물체를 매단 뒤, 도르래의 양쪽 옆에 달린 물레를 돌리면 도르래에 연결된 끈을 통해 물체가 위로 들어 올려졌어요. 화성을 짓는 데 사용되어 공사 기간을 단축하고 공사비를 줄이는 데 크게 공헌했어요.

거중기

녹로

토목이나 건축 공사 등에서 도르래의 원리를 이용하여 무거운 물건을 들어 올리는 데 쓰는 운반 도구예요. 거중기가 움직도르래를 이용해 돌을 들어 올리는 힘을 줄여 주었다면, 녹로는 고정도르래를 이용해 쉽게 물건을 들어 올릴 수 있게 해 주었어요.

화성 성곽을 쌓을 때 거중기와 더불어 녹로 두 틀이 만들어져 사용되었고, 그 뒤 1803년(순조 3년) 창덕궁 인정전 재건 공사와 1857년(철종 8년) 인정전 중수 공사 때에도 쓰였어요.

녹로

유형거

정약용이 만든 수레로 비탈길을 오를 때 몸체가 바닥에 걸리는 문제를 해결하기 위해 몸체가 바퀴보다 높게 제작되었어요. 달구지보다 훨씬 쓸모가 있어 공사장에서 널리 쓰였으며, 수원 화성 공사 때는 10여 대를 만들어 사용했다고 전합니다.

당시의 일반 수레 100대가 324일 걸려 운반하는 짐을 유형거 70대로 154일 만에 운반하였다는 기록이 남아 있어 유형거의 성능을 짐작할 수 있습니다.

유형거

🏵 치밀하게 기록한 《화성성역의궤》

의궤란 조선 시대에 왕실이나 나라에서 주요 행사를 치른 내용을 정리한 책으로, 후대에 이것을 보고 전통을 잘 이어 나가라는 뜻으로 만들었어요.

《화성성역의궤》는 1794~1796년에 걸쳐 수원 화성을 쌓고 새로운 도시를 건설한 과정을 기록한 공사 보고서로, 순조 1년에 발간되었어요. 10권으로 간행된 이 책에는 화성의 배치도와 건물의 도면, 공사의 도구와 속도, 비용, 기능공의 이름까지 아주 꼼꼼하게 기록해 놨어요. 1970년대 곳곳이 파괴되었던 화성을 옛 모습대로 다시 만들 수 있었던 것도 이 보고서 덕분이었습니다.

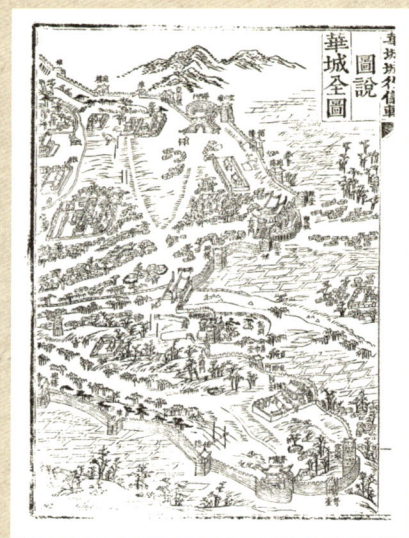

《화성성역의궤》 중 〈화성전도〉

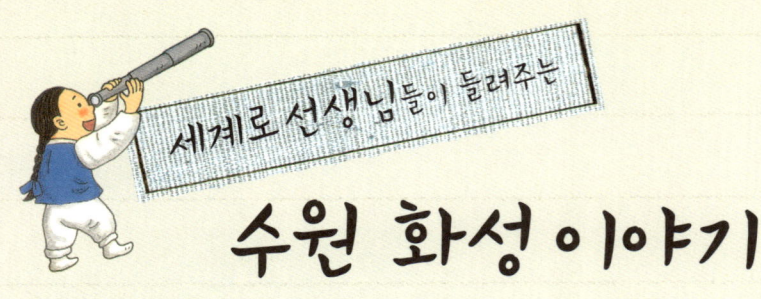

수원 화성 이야기

세로와 함께 떠난 수원 화성 여행은 즐거웠나요?

유네스코 세계 유산으로 선정된 수원 화성은 총 길이 5.7킬로미터, 면적 1.2제곱킬로미터에 달하는 성으로, 장엄한 규모에 맞게 방어 기능과 도시 기능 등 여러 가지 기능을 갖고 있어요.

수원 화성은 여러 가지 특징적인 면이 있는데, 크게 세 가지로 나누어 볼 수 있답니다.

첫째로 한양을 대신할 새로운 도시의 탄생이라는 점을 꼽을 수 있어요. 임진왜란과 병자호란을 겪으면서 조선은 몹시 피폐해졌고, 백성들의 삶을 발전시키기 위해 농업과 더불어 상업을 장려할 필요가 있었어요. 하지만 조선은 교통이 발전하지 않아서 상업 활동에 어려움이 많았지요. 정조는 고민 끝에 도로나 교통망, 통신망 등이 사방으로 통하는 수원에 새로운 상업 도시를 만들기로 하고, 적극적으로 일을 추진했습니다.

수원 화성의 두 번째 특징은 새로운 기술로 지어졌다는 점이에요. 정조는 적은 비용으로, 빠른 시간 안에 성을 짓고 싶어 했어요. 이러한 정조의 바람을 해결한 사람이 정약용이었습니다. 정약용은 거중기를 제작해 크고 무거운 돌을 쉽고 빠르게 옮길 수 있도록 했어요. 또한 기존의 수레를 개량하여 훨씬 쓰기 좋도록 한 유형거도 만들었습니다. 정약용이 만든 새로운 기기들 덕분에 처음에 10년이 넘게 걸릴 거라고 예상했던 공사는 34개월 만에 끝이 났어요.

세 번째 특징은 정조가 힘 있는 한양의 양반들로부터 벗어나 새로운 정치 이상을 펼치고자 했던 공간이라는 점이에요. 당쟁의 희생으로 아버지 사도 세자가 억울한 죽임을 당하자, 정조는 당시 조선을 좀먹고 있던 당파 싸움에서 혼란한 나라를 바로잡아야겠다고 결심했어요. 그래서 수원이라는 새로운 정치 공간을 통해 왕권을 강화하려고 했답니다.

어때요, 수원 화성에 담긴 여러 가지 특징을 알아보았으니 이제 답사를 떠나야겠죠? 새로운 장소에서 새 뜻을 펼치고자 했던 정조의 이상을 떠올리며 수원 화성을 둘러보면, 시설물 하나하나가 더욱 의미 있게 다가올 거예요.

사진 출처

20 규장각_위키피디아 | 35 앙부일구, 자격루, 창경궁 관천대_위키피디아
46 혼일강리역대국도지도, 대동여지도_위키피디아 | 63 장안문, 동암문, 화홍문_수원 문화 재단
64 북서적대, 서장대, 서노대, 동북공심돈, 봉돈_수원 문화 재단
65 동북각루, 북포루, 서포루, 서삼치, 서남암문 포사_수원 문화 재단
66 수노, 궐장노, 녹로노_육군 박물관 | 67 홍이포, 불랑기포_위키피디아
84 목판 활자_서울 대학교 규장각 | 85 직지심체요절_위키피디아
100 동의보감_위키피디아 | 101 허준_위키피디아 | 112 수원 전경_수원 문화 재단
114 화성 행궁, 화서문, 팔달문_조진희 | 114 서장대, 서남암문_수원 문화 재단
115 장안문, 화홍문, 동북공심돈, 봉돈_수원 문화 재단 | 115 창룡문_세계로
116 거중기, 녹로_위키피디아 | 117 유형거_위키피디아 | 117 화성성역의궤_조진희

이선비, 과학을 배우다

펴낸날 2013년 5월 2일 초판 1쇄, 2025년 3월 10일 초판 11쇄
지은이 세계로 | **그린이** 최현묵
펴낸이 신광수 | **출판사업본부장** 강윤구 | **출판개발실장** 위귀영
아동인문파트 김희선, 설예지 | **출판디자인팀** 최진아, 박지연 | **저작권업무** 김마이, 이아람
출판사업팀 이용복, 민현기, 우광일, 김선영, 신지애, 허성배, 이강원, 정유, 정슬기, 정재욱, 박세화, 김종민, 정영묵, 전지현
출판지원파트 이형배, 이주연, 이우성, 전효정, 장현우
펴낸곳 (주)미래엔 | **등록** 1950년 11월 1일 제16-67호 | **주소** 서울시 서초구 신반포로 321
전화 미래엔 고객센터 1800-8890 | **팩스** 541-8249 | **홈페이지 주소** http://www.mirae-n.com

ⓒ 세계로 2013

ISBN 978-89-378-8577-8 74910
ISBN 978-89-378-4587-1 (세트)

* 책값은 뒤표지에 있습니다.
* 파본은 구입처에서 교환해 드리며, 관련 법령에 따라 환불해 드립니다. 다만, 제품 훼손 시 환불이 불가능합니다.

KC 마크는 이 제품이 공통안전기준에 적합하였음을 의미합니다.
사용 연령: 8세 이상